TESTAMENT

DE DASUMIUS,

PAR

M. ÉDOUARD LABOULAYE,

AVOCAT A LA COUR ROYALE, MEMBRE DE L'INSTITUT.

Juillet 1845.

PARIS

AU BUREAU
DE LA REVUE DE LÉGISLATION ET DE JURISPRUDENCE,
21, RUE BERGÈRE.

—

1845

TESTAMENT DE DASUMIUS.

EXTRAIT

DE LA REVUE DE LÉGISLATION ET DE JURISPRUDENCE,

Publiée sous la direction de MM. TROPLONG, conseiller à la Cour de cassation; CH. GIRAUD, inspecteur-général des Ecoles de droit; ÉD. LABOULAYE, avocat à la Cour royale, membres de l'Institut; FAUSTIN-HÉLIE, chef du bureau des affaires criminelles; ORTOLAN, professeur à la Faculté de droit de Paris, et WOLOWSKI, professeur au Conservatoire des arts et métiers.

Livraison de Juillet 1845.

Imprimerie de HENNUYER et TURPIN, rue Lemercier, 24, Batignolles.

TESTAMENT

DE DASUMIUS,

PAR

M. ÉDOUARD LABOULAYE,

AVOCAT A LA COUR ROYALE, MEMBRE DE L'INSTITUT.

Juillet 1845.

PARIS

AU BUREAU

DE LA REVUE DE LÉGISLATION ET DE JURISPRUDENCE,

21, RUE BERGÈRE.

———

1845

TESTAMENT DE DASUMIUS.

En 1820, dans la *Vigna Sante-Amendola*, lieu situé près de la voie Appienne, et qui fut autrefois un cimetière romain, on découvrit un fragment de pierre brisée en plusieurs morceaux, sur lequel la copie d'un testament romain était gravée en caractères petits, mais nets et corrects. Ce fragment, mutilé dans sa largeur, contenait le titre de l'acte et une partie des cinquante-huit premières lignes [1].

Dix ans plus tard, en 1830, à un demi-mille de la première découverte, on trouva un second fragment de pierre qui s'adaptait au premier, à partir des lignes 56-58. Ce fragment, de plusieurs pièces comme le premier, et aussi gravement mutilé, comprenait la fin du testament, dont il nous a conservé la date à la 123ᵉ ligne, et à la suite de la disposition principale, il reproduisait les neuf premières lignes d'un codicille, qui, suivant toute apparence, n'était guère plus étendu.

Ce monument, curieux à la fois par sa date et par l'acte qu'il nous a conservé, nous est malheureusement parvenu dans un état déplorable. Nous possédons, il est vrai, la pierre dans toute sa longueur, au moins pour ce qui concerne la pièce principale, mais dans toute sa largeur elle est brisée de droite et de gauche, pour la plus grande partie. Suivant toutes probabilités, chaque ligne contenait de soixante-douze à soixante-quinze lettres. Dans l'inscription telle que nous la possédons, les lignes n'ont plus que douze

[1] Cette inscription a été imprimée pour la première fois par M. Fea dans le *Diario di Roma*, année 1820.

à vingt-cinq lettres, c'est-à-dire que dans les lignes les plus longues il nous manque les deux tiers, et dans les plus courtes, notamment dans les dix-huit premières, les cinq sixièmes du texte complet.

On ne peut espérer la restitution textuelle d'une inscription aussi mutilée, et d'ailleurs une telle restitution est à peu près impossible, alors qu'il s'agit d'un testament, c'est-à-dire d'un acte privé dont la rédaction était nécessairement des plus libres, et dont les dispositions tout arbitraires nous sont pour la plupart entièrement inconnues ; néanmoins il ne peut être sans intérêt, surtout pour des jurisconsultes, d'étudier et même d'essayer de rétablir le seul monument authentique qui nous ait conservé dans son ensemble un testament romain de l'époque classique de la jurisprudence ; car, ôté cet acte curieux, nous n'avons plus de l'époque qui a précédé le triomphe du christianisme que des résumés de testament[1], ou quelques dispositions éparses conservées par des inscriptions, ou par les citations d'anciens auteurs, tels que Scœvola dans ses Digestes[2].

Dès le premier jour de sa découverte, cette inscription a excité l'attention des antiquaires : Puggé, professeur à Bonn, essaya, en 1827, une restitution du premier fragment[3] ; Ambrosch, professeur à Breslau, fit, en 1831, une étude pareille

---

[1] Cicero, *Cæcina*, c. I. Orelli, num. 4860. Suet., *Jul.*, 83. *Oct.*, 101. *Tib.*, 76. Petron., c. 71. Apuleius. *Apol.* 11, 103 (ed. Bip.). Scœvola, l. 18, § 3, *De alim. leg.* D. xxxiv, 1.

[2] Orelli., num. 3678, 4353, 4360, 4366. Spangenberg, *Tabulæ negot. solemn.* Lipsiæ, 1822, n° 2-4, 7, et surtout les *omissa* pages 386-398. Haubold, *monum. légal.*, n° 60.

[3] *Rheinisches Museum*, t. III, p. 249. M. Giraud a réimprimé le texte des 58 premières lignes du testament, et les notes les plus intéressantes de Puggé dans son *Histoire du droit de propriété*, tome premier, Aix 1838, pages 268 et suiv.

sur l'ensemble du monument : cette étude a été publiée dans les *Annali dell Instituto di corrispondenza archeologica*[1] ; Niebuhr, Bethmann-Hollweg, Borghesi, ont donné dans ce même journal leurs ingénieuses conjectures ; Sarti a déchiffré avec la plus minutieuse exactitude l'inscription qui est aujourd'hui en la possession de l'Institut archéologique ; enfin M. Rudorff, savant professeur de Berlin, et qui s'est déjà fait connaître dans l'épigraphie par la restitution de la loi *Thoria*, a publié, dans le dernier numéro du journal de M. de Savigny[2], un travail complet et nouveau sur le testament de Dasumius. Comme le monument est peu connu en France, et que le journal de M. de Savigny, écrit en langue allemande, n'est pas très-répandu, nous avons cru être agréables à nos lecteurs en reproduisant dans la Revue la restitution de l'inscription telle que l'a donnée M. Rudorff, et en résumant dans notre langue les ingénieuses conjectures du professeur de Berlin. Notre article n'est autre chose qu'une traduction abrégée du grand travail de M. Rudorff.

I. INTITULÉ DE L'ACTE.

Testamentum Dasumi.

L'auteur du testament que nous allons étudier, et qui a daté ses dispositions dernières de l'an 862 de Rome[3] (109 de notre ère), la douzième année du règne de Trajan, se nommait Dasumius, de son nom de famille : c'est ce qui résulte du nom que porte son affranchie, Dasumia Syche[4], qui l'avait nourri.

---

[1] 1831, p. 388-406 ; réimprimé dans Clemente Cardinali, *Diplomi imperiali di privilegi accordati ai militari*. Velletri, 1835, p. 217, n° 403.

[2] *Zeitschrift fur geschichtliche Rechtswissenschaft herausgegeben von F. C. v. Savigny, C. F. Eichhorn und A. A. F. Rudorff. Tome XII, livr. III,* pages 301 et suiv.

[3] Inf. 1. 123 du Test.

[4] Testam., 1. 31.

Avait-il un second nom? nous l'ignorons. On trouve ceux de *Cæsetius*, de *Januarius*, de *Carus*, d'*Octavianus*, joints dans les inscriptions au nom de Dasumius[1]; mais il est difficile de rattacher à la personne de notre Dasumius ces inscriptions tumulaires trouvées dans des lieux fort éloignés de celui où a été découvert le testament.

Quant à sa patrie, M. Borghesi a supposé que Dasumius était Espagnol et de Cordoue. C'est en effet à la ville de Cordoue, comme à sa patrie, qu'il fait un legs considérable, pour y élever des monuments destinés sans doute à perpétuer sa mémoire[2]; il est tout dévoué à Servianus[3], marié à une Espagnole, Domitia Paulina, sœur de l'empereur Adrien; il est l'ami de Fabius Rusticus, dont la famille était espagnole, à juger par les inscriptions qui nous restent[4]; enfin le nom de Dasumius n'est pas étranger en Espagne[5]. De ces probabilités à la certitude il y a loin sans doute; mais assurément, à déchiffrer des inscriptions, on s'est livré à des hypothèses moins vraisemblables. Rien ne s'oppose du moins à ce que l'on considère Dasumius comme un de ces Espagnols qui suivirent à Rome Trajan, leur compatriote[6], et firent fortune à sa suite. Sa reconnaissance pour Trajan donne un nouveau degré de vraisemblance à la supposition de Borghesi.

[1] Gruter, 742, 11. D. M. | CASSIÆ MACRINÆ | FECIT | Q. DASUMIUS | CÆSETIUS MATRI | PIISSIMÆ | BENE | MERENTI.—909, 8. D. M. | Q. DASUMIO | IANUARIO | VIXIT ANN. XXIIX.—1089, 6. *Dasumius Carus* (Rome). Muratori, 1158, 4. *L. Dasumius Octavianus* (Venise).—809, 4, 5. *C. Dasimius Titianus* et *L. Dasimius Valens* (Ravenne).

[2] Testam., 1. 30.

[3] Testam., 1. 7, 10, 111.

[4] Gruter, 437, 4. 1101, 6.

[5] Muratori, 1457, 3. DASUMIÆ L. F. TURPILIÆ POPUL. LAUDATION. PUBLIC. IMPENSAM FUNER. D. D. (e schedis patris Cattanei).

[6] Trajan était d'Italica, colonie fondée par Scipion sur les bords du Guadalquivir, au lieu où est aujourd'hui Alcala del Rio.

Quelle fut à Rome sa position? il fut riche et très-riche, son testament le prouve. Fut-il revêtu de quelque dignité? M. Rudorff suppose qu'il fut consul, et penche à lui attribuer l'honneur d'avoir donné son nom au *senatus-consultum Dasumianum*. M. Borghesi, dans son explication des inscriptions de Tarquinies, attribue ce sénatus-consulte à *L. Dasumius P. F. Stell.* (de la tribu *Stellatina*) *Tullius Tuscus*, qui figure dans une inscription comme *sodalis Hadrianalis et Antoninianus*, et comme *quæstor imperatoris Antonini Augusti Pii*[1]; mais il semble que M. Borghesi recule trop la date du *senatus-consultum Dasumianum*, en l'attribuant à un Dasumius qui (sa qualité de questeur le suppose) ne commença sa carrière politique que sous Antonin. M. Rudorff pense qu'on peut établir avec certitude que ce sénatus-consulte est antérieur à l'an 854 (101 de notre ère) : il serait par conséquent plus ancien de huit ans que notre testament, et rien ne s'opposerait à ce qu'il eût été rendu sous le consulat de Dasumius.

Voici comment on peut obtenir cette date du sénatus-consulte Dasumien.

Un *senatus-consultum Rubrianum* décida que toutes les fois que l'héritier fiduciaire chargé par fidéicommis de donner la liberté à un esclave ne comparaîtrait pas sur la citation faite par le préteur fidéicommissaire, ce magistrat aurait le droit d'affranchir l'esclave pour punir la contumace de l'héritier. L'affranchi, en pareil cas, était *orcinus*, c'est-à-dire affranchi du testateur, et non pas de l'héritier[2]. Ce sé-

---

[1] V. inf., page 281, note 3.

[2] L. 26, §7, *De fideicom.*, *lib.* D. XL, 5. Ulp. Subventum libertatibus est senatus-consulto quod factum est temporibus divi Trajani sub Rubrio Gallo et Cœlio Hispone consulibus, in hæc verba : *Si hi , a quibus libertatem præstari oportet, evocati a prætore adesse noluissent, si causa cognita præ-*

natus-consulte fut rendu sous le règne de Trajan, sous le consulat de Rubrius Gallus[1] et de Cœlius Hispo, qu'on suppose avoir été *consules suffecti* vers l'an 854, car leurs noms ne figurent point dans les fastes.

Le *senatus-consultum Rubrianum*, qui établissait un principe nouveau, se renfermait dans d'étroites limites : il ne punissait que la désobéissance des héritiers (*qui adesse noluissent*) ; il ne s'occupait point de l'absence légitime. Ce fut pour venir au secours de l'esclave, dans ce dernier cas, qu'on rendit le sénatus-consulte Dasumien. On décida qu'en cas d'absence de l'héritier, le préteur donnera't la liberté à l'esclave, réservé à l'héritier son droit de patronage[2] ; puis on étendit à tous les grevés de fidéicommis une disposition qui ne concernait que l'héritier[3].

Restait encore une lacune à combler : les deux sénatus-consultes ne concernaient que la juridiction du préteur fidéicommissaire à Rome. Les gouverneurs de province avaient bien depuis Claude la juridiction fidéicommissaire, mais seulement sur les provinciaux et entre personnes présentes. Pour achever de protéger la liberté, il fallait étendre aux

tor pronuntiasset, libertatem his deberi, eodem jure statum servari, ac si directo manumissi essent.

[1] On croit généralement que ce Gallus est celui auquel Pline a adressé plusieurs de ses lettres.

[2] L. 51, § 4. D. *De fideicomm.*, lib. xl, 5. Senatus-consulto Dasumiano cautum est, ut, si ex justa causa absit, qui fideicommissam libertatem debet, et hoc pronuntiatum fuerit, perinde libertas competat, atque si ut oportet, ex causa fideicommissi manumissus esset.

[3] L. ead., § 6. Et quia de heredibus tantum cautum erat, adjectum est eodem senatus-consulto, ut, quicumque fideicommissam libertatem debet, ex quacumque causa pronuntiatum fuerit, eum eosve abesse, perinde habeatur, atque si, ut oportet, ex causa fideicommissi manumissus esset.

L. 30, *ibid.* Quid ergo est? Dasumiano SCto subvenitur his, qui justa ex causa absent, ut nec libertas impediatur, nec libertas eripiatur his qui fraude carent.

provinces le bienfait des deux sénatus-consultes, et permettre aux gouverneurs d'affranchir l'esclave, alors même que l'héritier n'était pas domicilié dans la province : c'est ce qu'ordonna le *senatus-consultum Articuleianum*[1].

Ce sénatus-consulte est bien certainement de l'an 854, année où Trajan et Sextus Articuleius Pœtus furent consuls ordinaires; et comme il est postérieur aux deux sénatus-consultes Rubrien et Dasumien, qu'il a dû suivre de près, nous pouvons conclure que le sénatus-consulte Dasumien doit se placer dans les environs de l'année 854, sinon dans cette année même.

Rien donc n'empêche de supposer que notre Dasumius a pu être consul *suffectus* vers cette époque; sa grande richesse permet même de croire qu'il n'était pas indigne d'une pareille position. Quant à son âge, outre qu'il pouvait être assez avancé dans la vie pour revêtir cette dignité, on sait que sous l'empire on ne tint pas grand compte des prescriptions républicaines, et qu'on vit plus d'une fois des consuls de vingt ans[2].

Après ces hypothèses sur la personne du testateur, passons à l'examen de ses dernières dispositions.

II. INSTITUTIONS D'HÉRITIERS.

1 *Quoniam est* RECTVM, PRAESTare. . . . .

. . . .|

2 . . . . AMICVS RARISSIMVS, ...

. . . .|

3 . . . ., *si se* nomen MEVM LATVRVM *promiserit*, . . .

. . . .|

---

[1] L. 51, § 7, cod. Sed. Articuleiano senatus-consulto cavetur, ut in provinciis praesides provinciæ cognoscant, licet heres non sit ejusdem provinciæ.
[2] L. 1, § 2, *De offic. consul.* D. 1, 10.

4 *mearum* fortuNARVM EX VNCIA *heres esto eamque*
   nominis bonorumque hereditatem cernito in die-|
5 *bus centum proximis*, QVIBVS SCIerit *poteritque.*
   Quodni ita creverit, tunc Septuma Secundina,|
6 *matertera mea* PIENTISSIMA, MIHI *heres esto ex*
   eadem parte. Si nec ea mihi heres erit, tunc|
[7 . . . .* filia* SERVIANI EX *eadem uncia mihi*
   heres esto. Ex reliqua parte Ursus Ser-|
8 *vianus dominus* MEVS MIHI HERES *esto. Si Ser-*
   vianus mihi heres non erit, tunc . . . . |
9 *et . . . .* MIHI HEREDES SVNTO. *Si . . . . . . et . .*
   . . . . . mihi heredes non erunt, tunc Dasumia|
10 . . . . MIHI HERES ESTO. *si* DASUMIA *mihi*
   heres non erit, tunc . . . . . . et . . . . . . mi-|
11 *hi heredes* SVNTO IIQVE CERNVNTO *in diebus cen-*
   tum proximis, quibus scierint poteruntque. Si nec|
12 *eorum quisquam* CREVERIT, TVNC SYCHE *nutrix*
   b(ene) m (erita) ex eadem parte mihi heres esto.

L'usage était à Rome de diviser les testaments, comme les
lois, en différents chapitres[1]. Ces divisions sont reconnais-
sables dans notre inscription. La première section comprend
les institutions d'héritiers : c'est le commencement ordinaire des testaments[2].

Dasumius n'avait point à observer le rescrit de Trajan
qui ordonnait de commencer le testament par l'exhérédation,
lorsqu'il y avait lieu d'exercer cette rigueur[3]; il est évident

[1] L. 32, pr. *De usu leg.* D. XXXIII, 2. L. 41, § 1, *De leg.* D. XXX. L. 26, *De
instructo.* D. XXXIII, 9.

[2] Horat. *Serm.*, II, 5, 53.

        . . . . . Quid prima secundo
    Cera velit versu, solus multis ne coheres, |
    Veloci percurro oculo. . . . .

Apuleius, *Apolog.* II, 104 (ed. Bip.) Reperies et quidem mox a principio :
Sicinius Pudens filius meus heres esto.

[3] L. 1, pr. *De hered. instit.* D. XXVIII, 5.

que le testateur n'avait point d'enfants, puisqu'il s'occupe de perpétuer son nom par la fondation d'une *familia* et d'une *hereditas nominis*.

La clause qui oblige l'héritier institué à prendre le nom du testateur n'était point rare chez les Romains, et une pareille condition était considérée comme parfaitement légitime. « *Si nominis ferendi conditio est quam prætor exigit*, dit Gaius[1], *recte quidem facturus videtur, si eam expleverit; nihil enim mali est honesti hominis nomen adsumere, nec enim in famosis et turpibus nominibus, hanc conditionem exigit prætor.* » Cet usage était ancien, car Cicéron nous apprend que Livia institua Dolabella son héritier, à la charge de prendre son nom : « *Est* πολιτικὸν σκέμμα *rectum ne sit nobili adolescenti mutare nomen mulieris testamento, sed id* Φιλοσοφώτερον διευκρινήσομεν, *cum scierimus quantum quasi sit in trientis triente*[2]. » Auguste, par son testament, chargea aussi Tibère et Livie de prendre son nom : « *Heredes*, dit Suétone, *instituit primos Tiberium ex parte dimidia et sextante, Liviam ex parte tertia,* QUOS ET FERRE NOMEN SUUM JUSSIT. »

Quel est cet *amicus rarissimus* auquel Dasumius veut transporter sa fortune et son nom? Borghesi a supposé que c'était le consul dont nous avons parlé plus haut, L. Dasumius, P. F. Stellatina Tullius Tuscus[3], qui probablement a

---

[1] L. 63, § 10, *ad S. C. Treb.* D. XXXVI, 1.

[2] Cic. *ad. Att.* VII, 8.

[3] Inscription de Tarquinies (*Bolletino degli Annali dell Instituto di correspondenza archeologica*, 1830, p. 199, n° 3. L. DASUMIO. P. F. | STEL. TULLIO. | TUSCO. COS. COMITI. AUG. | AUGURI. SODALI. HADRIANALI. SODALI ANTONI | NIANO. CURAT. OPERUM | PUBLICORUM. | LEGATO. PR. PROVINCIARUM | GERMANIÆ. SUPERIOR. | ET PANNONIÆ. SUPERIOR. | PRÆFECTO AER. SATURNI | PRÆTORI. TRIBUNO. PLEB. | LEG. PROVINC. AFRICÆ | QUÆST. IMP. ANTONINI AUG. PII | TRIB. MIL. LEG. IIII. FLAVIÆ | TRIUMVIRO. A. A. A. F. F. | P. TULLIUS CALLISTIO | POSUIT. Borghesi a restitué une autre inscription de Tarquinies dans laquelle figurait évidemment ce Dasumius (*ibid.*

ajouté, par suite d'une *conditio nominis ferendi*, le nom de Dasumius à son nom de famille, et dont le père, le consul P. Tullius Varro, figure parmi les légataires de notre testament[1]; mais, comme nous l'avons remarqué plus haut, ce Dasumius Tuscus fut questeur sous Antonin le Pieux, c'est-à-dire après 891, et par conséquent près de trente ans après la date de notre testament. En 862, c'était donc un tout jeune enfant, si même il était né. Rudorff suppose que ce peut être le Dasumius Januarius dont nous avons rapporté (pag. 276, note 1), l'inscription tumulaire, et qui, à la ligne 20 du testament, semble figurer parmi les légataires. Cette seconde hypothèse ne nous semble pas plus sûre que la première, car nous ignorons la date de l'inscription dans laquelle figure ce Dasumius Januarius.

La quotité de l'institution est la même que dans le testament de Livia, cité par Cicéron, c'est le douzième de la succession (*uncia*). Dans ces quasi-adoptions testamentaires, on se contentait de donner à l'institué une part suffisante pour qu'il eût intérêt à faire la crétion, c'est-à-dire à accepter solennellement l'hérédité dans un temps donné. Cicéron trouve cette donation un peu maigre, et dit qu'avant tout il faut examiner le chiffre réel de ce *triens trientis*. Pareille difficulté ne devait pas s'élever pour la succession considérable de Dasumius.

Outre la promesse de prendre le nom (*si se nomen meum inturum promiserit*), il est probable que le testateur exigeait quelque autre garantie, telle qu'un serment fait à l'héritier

p. 201.) L. Dasumius. P. F. Stel. Tullius Tuscus Cos | THERMAS MUNICIPI Torquiniensis. QUAS P. TULLIUS | PATER EIUS. COS. AUG legato SESTERTIO SER ET. TR. | TESTAMENTO fieri jusserat. ADIECTA PECUNIA | AMPLIATOQVE OPERE. PERFECIT.

[1] Testam., ligne 21.

principal, comme on en voit des exemples dans le Digeste[1].

L'institution de l'héritier qui doit prendre son nom une fois faite, Dasumius établit une double substitution pour éviter que la portion de biens laissée à l'*amicus rarissimus* ne devienne caduque, ou *in causa caduci*[2].

Il appelle au second rang une femme dont le nom est perdu, mais qu'il honore du titre de *pientissima*. Ce ne peut être sa nourrice Dasymia Syche, comme le suppose Borghesi, car une pareille épithète serait un peu ambitieuse, donnée à une affranchie, et d'ailleurs nous verrons que Syche se trouve substituée après tous les autres, au dernier degré. Ce doit être une personne qui le touche de plus près : la faiblesse de la quotité laissée ne permet pas de supposer que ce soit sa mère[3]; mais ce peut bien être la sœur de sa mère, Septuma Secundina, qui figure plusieurs fois dans le testament en qualité de légataire[4].

Le nom du substitué au troisième degré est incomplet dans l'inscription ; il ne nous reste que la fin du premier mot ILIA SERVIANI : M. Borghesi lit *familia Serviani*, ce qu'il entend des affranchis de Servianus, qui reviennent dans la ligne 111 de l'inscription ; mais dans cet endroit ils sont désignés sous le nom de *liberti*, et cette expression eût été bien plus néces-

---

[1] L. 19, § 6. *De Donat*, D. XXXIX, 5. Pegasus putabat, si tibi centum spopondero hac conditione : si jurasses te meum nomem laturum, non esse donationem, quia ob :em facta est; res secuta est. L. 62, *De acquir. vel omitt. hered.* D. XXXIX, 2.

[2] Sur les lois caducaires, qui ont joué un si grand rôle dans la législation héréditaire, voyez le commentaire d'Heineccius sur les lois Julia et Pappia-Poppæa, et mon *Histoire du droit de propriété en Occident*, pages 200-220.

[3] Autrement, ce serait un legs assez semblable à celui que suppose Quintillien (Inst. Orat., IX, 2) : *Mater mea*, dit Asinius, *quæ mihi tum carissima, tum dulcissima fuit, quæque mihi vixit, bisque eodem die mihi vitam dedit ; exheres esto.*

[4] Testament, lignes 66 et suiv.

saire dans notre passage où il s'agit d'une institution d'héritier ; car une *familia* est une *universitas*, un *incertum corpus*, qui n'est pas capable de *cernere hereditatem* (la *cretio* étant un acte essentiellement personnel, individuel), et qui, par conséquent, ne peut être instituée héritière[1]. M. Rudorff lit *filia Serviani*, restitution qui paraît plus naturelle et plus probable. Cette fille de Servianus, dont Pline nous parle dans ses lettres[2], épousa Cn. Pedanius Fuscus Salinator, qui fut consul en 871 ; elle eut de ce mariage un fils, Fuscus, qui, à l'âge de dix-huit ans, en 883, fut tué avec son grand-père par l'ordre d'Adrien, qui craignait leurs prétentions à l'empire. Fuscus étant né en 871, c'est-à-dire neuf ans après notre testament, on peut supposer qu'en 862 la fille de Servianus n'était pas mariée, et que Dasumius voulut, par sa libéralité, contribuer à son établissement.

Après avoir disposé du douzième de sa succession, Dasumius institue des héritiers pour le surplus. Les lignes 103 et 105 parlent de plusieurs personnes instituées ; mais, comme il y a plusieurs substitutions, rien n'empêche de supposer qu'au premier degré il n'y avait que deux héritiers appelés. Borghesi suppose, et avec grande apparence de vérité, que l'héritier principal fut Servianus, pour lequel Dasumius fait preuve d'un respect et d'un dévouement extrêmes, et il restitue, dans les lignes 7 et 8, *Ursus Servianus dominus* MEUS. Ce C. Julius Servilius Ursus Servianus, beau-frère d'Adrien, était un des plus grands personnages de l'empire ; Trajan

---

[1] La loi 19, § 1, *De reb. dub.* D. xxxiv, 6, dit bien qu'un legs fait à la famille (*cognationi*) est valable comme s'il eût été fait *à tous les parents* ; mais cette décision toute favorable à la famille est exceptionnelle ; il eût fallu la forme d'un fidéicommis pour qu'une disposition faite en faveur d'une *familia libertorum* eût été valable ; un legs eût été nul. V. Gaius, II, 287.

[2] Pline, Ep. VI, 26.

hésita un moment à le nommer son successeur; Adrien, qu'il avait desservi auprès de Trajan, le vit toujours avec défiance, et au moment de mourir, ne voulant point laisser après lui un homme dont il redoutait l'ambition, il força Servianus de se donner la mort, quoiqu'il semble qu'un vieillard âgé de près de quatre-vingt-dix ans fût peu à redouter. C'est en 889 que mourut Servianus; en 862, époque du testament, il avait par conséquent soixante-deux ans[1].

Après cette institution, et dans la crainte que Servianus ne veuille ou ne puisse accepter, Dasumius s'assure un héritier pour sa riche succession au moyen d'une quadruple substitution. Au second rang, immédiatement après Servianus, il appelle concurremment plusieurs personnes dont le nom est perdu. Au troisième degré, il institue héritière une personne dont le nom commence par les deux lettres DA : ce ne peut être un homme du nom de Dasumius, car le soin que prend le testateur de perpétuer son nom donne à penser qu'il restait seul de sa famille. Borghesi a supposé qu'il était question de sa nourrice, *Dasumia Syche ;* mais cette Syche, qui figure comme instituée au dernier rang et à défaut de tous les autres héritiers, ne peut être substituée à elle-même. Il est donc plus croyable qu'il s'agit d'une femme ingénue de la famille de Dasumius, peut-être de cette *Dasumia L. F. Turpilia,* dont nous avons rapporté plus haut l'épitaphe trouvée à Italica, non loin de Cordoue[2]. À défaut de l'acceptation de Dasumia, le testateur appelle plusieurs héritiers dont le nom est perdu, peut-être des affranchis mâles. Enfin, il institue en dernier lieu sa nourrice, l'affranchie

[1] Sur la vie de Servianus, v. Spartian. *Hadrian.,* 2, 8, 14, 20, 22. Vopiscus, *Saturn.,* c. VIII. Dio Cass. LXIX, 17. Pline, Epist. III, 17; VI, 26.

[2] Sup., pag. 276, note 5.

Dasumia Syche (Hesyche), dont la piété lui garantit, aussi sûrement que l'institution d'un *necessarius heres*, que son testament sera exécuté.

Sur ces institutions d'héritiers, il y a quelques remarques à faire.

D'abord on voit un homme qui par un seul legs dispose de six millions de sesterces[1] instituer directement, au mépris de la loi Voconia, quatre femmes pour ses héritières, la fille de Servianus, sa tante maternelle Septuma Secundina, Dasumia Turpilia sa parente, Dasumia Syche sa nourrice. Pour expliquer cette abrogation d'une loi qui défendait à toute personne inscrite au cens pour cent mille sesterces d'instituer directement une femme pour son héritière, on ne peut pas dire que le cens était tombé en désuétude, car Vespasien et Titus l'avaient célébré[2], et il suffisait d'avoir été inscrit au cens une seule fois pour être assujetti aux prescriptions de la loi Voconia[3]; il vaut mieux supposer que la loi Papia-Poppœa avait remplacé dans la législation la loi Voconia et l'avait tacitement abrogée. Quand Auguste voulut laisser à Livie le tiers de son bien, il la fit excepter par le sénat non pas des prohibitions de la loi Voconia, mais des incapacités de la loi Papia-Poppœa[4]; et sous Domitien nous voyons Agricola instituer[5] pour héritières sa femme et sa fille sans qu'il soit question de dispense[6].

-----

[1] Testament, ligne 86. *Sestertium* SEXAGIES.

[2] Suéton., *Vespas.*, c. 8. *Titus*, c. 6. Censorinus, *De die natali*, c. 18.

[3] Gaius, II, 274. Item mulier quæ ab eo qui centum millia æris census est, per legem Voconiam heres institui non potest, tamen fideicommisso relictam sibi hereditatem capere potest.

[4] Dio Cass., LVI, 32.

[5] Tacit., *Agric.*, c. 43. Satis constabat lecto testamento Agricolæ, quo

Les *cretiones* méritent en second lieu notre attention. Aucune d'elles ne semble être une *cretio perfecta*[1], c'est-à-dire qui doive être réalisée dans un temps fixé à peine d'exhérédation; car dans les lignes 5 et 6, il n'y a point assez de place pour joindre au nom de *Septuma Secundina matertera* la formule *exheres esto*, et dans la ligne 12, la *cretio* est certainement *imperfecta*. Quel était avant Marc-Aurèle le résultat possible d'une pareille *cretio sine exheredatione*, c'est ce que nous apprend Gaius[2]. Si l'institué faisait acte d'héritier pendant les délais de la *cretio* (*superante cretione*), il fallait que le substitué attendît le dernier jour fixé par le testateur avant de se présenter. Si l'institué avait fait la *cretio*, le droit du substitué était évanoui; s'il avait fait simplement acte d'héritier sans *cretio*, le substitué avait droit à la moitié de la succession[3]. Si au contraire l'institué n'avait fait ni *cretio* ni acte d'immixtion, le délai expiré, le substitué était le véritable héritier.

coheredem optimæ uxori et piissimæ filiæ Domitianum scripsit, lætatum cum velut honore judicioque; tam cæca et corrupta mente assiduis adulationibus erat, ut nesciret a bono patre non scribi heredem nisi malum principem.

[1] La *cretio perfecta* était celle qui déclarait l'institué déshérité s'il n'avait point accepté l'hérédité dans un temps déterminé par le testament. Gaius, II, 164. Extraneis heredibus solet cretio dari, id est finis deliberandi, ut intra certum tempus vel adeant hereditatem, vel si non adeant, temporis fine summoveantur. Ideo autem cretio appellata est, quia *cernere* est quasi decernere et constituere. — 165. Cum ergo ita scriptum sit : HERES TITIUS ESTO, adjicere debemus : CERNITOQUE IN CENTUM DIEBUS PROXUMIS, QUIBUS SCIES POTERISQUE, QUOD NI ITA CREVERIS, EXHERES ESTO.—166. Et qui ita heres institutus est, si velit heres esse, debebit intra diem cretionis cernere, id est hæc verba dicere : QUOD ME PUBLIUS MAEVIUS TESTAMENTO SUO HEREDEM INSTITUIT, EAM HEREDITATEM ADEO CERNOQUE. Quod si ita non creverit, finito tempore cretionis excluditur; nec quidquam proficit, si pro herede gerat, id est si rebus hereditariis tanquam heres utatur.

[2] Gaius, II, 177, 178.

[3] Marc-Aurèle a plus tard assimilé l'acte d'héritier à la *cretio*. Ulp., XXII, 34.

Il ne semble point du reste que Dasumius eût exigé de tous ses héritiers cette formalité de la *cretio*. Il y a certainement quelques institutions faites sans *cretio*, ligne 12 par exemple, où une substitution suit immédiatement le nom de Dasumia. Cette formalité en effet n'était pas de l'essence des testaments ; ce n'était qu'un moyen d'en assurer la prompte exécution.

III. LEGS D'ARGENT A DES AMIS.

Amicis meis|

13 *bene merentibus* INFRA SCRIPTIS, QVISQVIS *mihi heres erit, eum rogo fideique eius committo,|*
14 *uti det singulis* AVRI P. LIBRAS : IVLIO . . . . ,
. . . . |
15 . . . . NO, VOLVSIO IVLIANO, ...
. . . . |
16 . . . . . . *Plinio* SECVNDO, CORNELIO *Tacito.* . . . ,
. . . . |
17 . . . . AVSPICATO, SINGVLIS. . . . .
. . . . |
18 . . . ., *Minicio* IVSTO, FABVL. . . . .
. . . . |
19 . . . . IVNIO AVITO, PONTIO LAELIANO. . . . .
. . . . |
20 . . . . *Sempronio* CRESCENTI, IANVARIO. . . .
. . . . |
21 . . . . *Licinio* NEPOTI, TVLLIO VARRONI, SATR*io*
Rufo, ... |
22 . . . . *Minicio* ANNIANO, APPVLEIO NEPOTI, REM-
mio Martiali, ... |
23 . . . . VSTIO ACANTHO, FABIO RVSTICO, . .
. . . . |
24 . . . . CO, AGRIS PHOEBO ET SERVATO, ...

. . . . |

25 . . . . *V*ALERIO HERMETI, OTACILIO OR. . . . . .

. . . . |

Après avoir institué ses héritiers, Dasumius les charge de quelques fidéicommis (c'est du moins ce que parait indiquer la formule *quisquis mihi heres erit* [1]). Il semble que dans ces lignes, toutes mutilées qu'elles soient, on puisse distinguer trois classes de légataires. Aux premiers, *infra scriptis*, il laisse à chacun une livre d'or, *singulis* AURI PONDO LIBRAS [2]; puis viennent les noms de ces légataires, lignes 14 et 55. Le mot SINGULIS conservé dans la ligne 17 donne à supposer qu'il y avait une seconde disposition de valeur différente faite en faveur d'autres légataires, énumérés avant la libéralité, et qu'enfin une troisième disposition, qui suivait le chiffre du second legs, s'appliquait aux derniers donataires.

Le premier légataire est un *Julius* dont manque le second nom. Pline nous fait connaître quatre de ses contemporains qui portaient ce nom : Julius Valens, Julius Avitus, dont il pleure la mort; Julius Genitor, Julius Cornutus [3]. Mais c'est, ce semble, aller loin que de supposer avec M. Rudorff que le légataire de Dasumius peut être un de ces quatre Jules.

Il y a plus d'apparence de vérité dans la restitution, *Plinio* SECUNDO, CORNELIO *Tacito*. Pline lui-même semble faire allusion au testament de Dasumius quand il parle à son Tacite de cette étroite intimité qui faisait leur gloire, de cette amitié que consacrait l'opinion publique, et

---

[1] V. aussi Testam., ligne 115.

[2] C'est-à-dire la valeur d'une livre d'or. *L.* 9, *De auro, argento leg.* D., XXXIV, 2. Quum certum auri vel argenti pondus legatum est, si non species designata sit, non materia, sed pretium præsentis temporis præstari debet.

[3] Pline, Ep., II, 2; V, 9, 15; VII, 30; IX, 17. Orell., 3650.

que sanctifiait la dernière pensée des mourants[1]. Qui ne connaît la touchante réflexion de ce chevalier romain qui pénètre si vite le voile transparent sous lequel Pline se laisse deviner : « *Tacitus es an Plinius*[2] ? »

MINICIUS JUSTUS [ligne 18] (c'est ainsi que ce nom se lit dans le manuscrit de Médicis, au lieu du *Minucius Fuscus* du texte reçu) était le mari de Corellia, amie et parente de la mère de Pline : « *Sunt mihi*, écrit Pline à Fabatus, *et cum marito ejus* (Corelliæ) *Minicio Justo, optimo viro, vetera jura : fuerunt et cum filio maxima; adeo quidem ut prætore me, ludis meis præsederit*[3]. »

JUNIUS AVITUS est proposé dans la lettre de Pline comme un modèle destiné à corriger cette jeunesse dorée qui se retrouve dans tous les siècles, prodiges *qui statim sapiunt, statim sciunt omnia, neminem verentur, imitantur neminem.* Il accompagna Servianus dans la Pannonie en qualité de tribun, devint questeur, et mourut édile désigné. Pline déplore avec beaucoup de sensibilité sa fin prématurée[4].

Pline a adressé plusieurs de ses lettres à PONTIUS LÆLIANUS (ligne 19)[5]. SEMPRONIUS CRESCENS[6] et Q. Dasumius Januarius[7] figurent sur des inscriptions. Licinius Nepos (ligne

---

[1] Pline, Ep., VII, 20. Quin etiam in testamentis debes annotasse, nisi quis forte alterutri nostrum amicissimus, eadem legata et quidem pariter accipimus. Quæ omnia huc spectant, ut invicem ardentius diligamus, cum tot vinculis nos studia, mores, fama, suprema denique hominum judicia constringant.

[2] Pline, Ep., IX, 23.

[3] Pline, Ep., VII, 11. Voy. aussi 12, *ibid.*

[4] Pline, Ep., VIII, 23. Borghesi place le commandement de Servianus en Pannonie dans les années 857-860, la questure d'Avitus en 861, sa mort en 863.

[5] Pline, Ep., V, 15; VI, 28; VII, 4.

[6] Gruter, 704, 7.

[7] Sup., pag. 276, note 1. On trouve aussi un C. Latinius Januarius dans Marini, *Fratelli Arvali*, I, p. 321.

21) est ce magistrat de mœurs antiques qui déploya tant de sévérité dans la présidence de la *quæstio repetundarum*[1].

P. TULLUS VARRO était le fils de ce Varron qu'une inscription mentionne comme ayant été *legatus* sous Vespasien et proconsul de Macédoine[2]. Il figure sur deux inscriptions de Tarquinies[3] comme consul et comme père de L. Dasumius Tullus Tuscus.

Satrius Rufus, si l'on admet la restitution de Puggé, serait le célèbre orateur[4]. Minicius Annianus figure sur une inscription[5], et il en est fait mention dans Pline[6]. APPULEIUS NEPOS est probablement la personne à laquelle Pline a adressé plusieurs de ses lettres[7] et non pas des moins intimes. Remmius Martialis fut préteur en 864, deux ans après notre testament. C'est d'après une inscription rapportée par Gruter[8] que Puggé a proposé cette restitution.

FABIUS RUSTICUS est l'historien dont Tacite a dit dans la Vie d'Agricola, c. 4 : « *Livius veterum*, *Fabius Rusticus recentium eloquentissimi scriptores.* » Il le prend souvent à témoin dans ses annales[9], et Pline lui écrit sur un ton qui marque assez quelle importance il attachait à son suffrage[10]. Puggé essaye de restituer le commencement de la 24ᵉ ligne par *Prisco*, personnage dont Pline nous a conservé le nom[11]. PHOEBUS et SERVATUS (ligne 24) sont deux affranchis de la

---

[1] Pline, Ep., IV, 29 ; ibid., V, 4, 14, 20 ; VI, 5 ; VII, 6, 10.

[2] Gruter, 476, 5.

[3] Sup., pag. 281, note 3.

[4] Pline, Ep., V, 21 ; VII, 25 ; IX, 38.

[5] Gruter, 1097, 4.

[6] Pline, Ep., II, 16.

[7] Pline, Ep., II, 3 ; III, 16 ; IV, 26 ; VI, 19.

[8] Gruter, 128, 5.

[9] Ann., XIII, 20 ; XIV, 2.

[10] Pline, Ep., IX, 20.

[11] Pline, Ep., III, 61.

gens Agria[1] ; une inscription napolitaine est consacrée à un Valerius Hermes[2] ; un Otacilius (probablement aussi un affranchi)[3] est cité par Martial[4] et figure sur une inscription comme possesseur d'un petit bien situé à quatre milles de la *porta Flaminia*[5].

Ainsi, à l'exception des derniers nommés, les légataires de Dasumius sont la fleur de la société romaine : Servianus est un des plus grands personnages politiques de l'époque ; Pline et Tacite sont les premiers noms littéraires du siècle de Trajan. Le Testament de Dasumius a donc un intérêt historique tout particulier, et, par une bonne fortune assez rare en érudition, il se trouve que les lettres de Pline sont le commentaire naturel d'un monument gravé dont le hasard nous a sauvé quelques débris.

IV. CONSTRUCTIONS A CORDOUE.

26 *Sempronio Proculo* IURISCONSVLTO, ATEIO . M.
. . . . ▼ . . |

27 . . . . NO, CORNELIO SENI, IVLIS THREP*to*
et, ... |

28 . . . . . . *Apollodoro* ADFINI MEO . X . CXXV con—
ferri volo. . . . . |

29 . . . . *fideiqve* EIVS EORVMQUE COMMITTO, VT
. . . . |

[1] Orelli, 2970. L. AGRIO VESTIARIO | TENVIARIO. IMP. CÆS. | ANTONINI PII | L. VALERIUS PVDENS | FRATRI.

[2] Gruter, 837, 5. D. M. | VALERIO HERMETI | LARGIA HELPIS | CONJVGI | OPTIMO FECIT.

[3] Inf., ligne 127 du testament.

[4] Martial, x, 79.

[5] Marini, *fratelli Arvali*, p. 577. A MACERIA | HELVIÆ INDE RE | AD VILLAM VERS. | OTTACILIAN. P. XXXVI | A CIPPO AD OCC. | MONIM. PER A. E. P. VI | POBLICIOR. ANTIOCHI | ET MVRINI.

30 . . . . ER CONSECRENT CORDUBAE, ITA *ut*

. . . . |

31 . . . . *sub inscriptione* NOMINIS MEI CONSEC*rentur,*

. . . . |

32 . . . . OPERA SUPRA SCRIPTA FIANT EIUS

eorumque arbitratu. . . . . |

33 . . . . *fideiQVE* EIYS EORUMQVE COMMITt*o, ut*

. . . . |

34 . . . . EST.

Dasumius veut enrichir de ses bienfaits sa patrie, la *Colonia Patricia Cordubensis*, en y faisant construire des monuments publics. Cet usage était général chez les riches Romains. C'est ainsi, par exemple, que Pline en agit envers sa ville natale[1]. Dasumius charge une commission de jurisconsultes et d'architectes d'exécuter ses intentions.

Le premier membre de cette commission est le jurisconsulte Proculus, *Proculus jurisconsultus*. Cette épithète, qui indique chez le titulaire le *jus respondendi*, et qu'on prend quelquefois comme un titre d'honneur et de dignité[2], n'a peut-être ici d'autre but que de distinguer Proculus de quel-

---

[1] Pline, Ep., I, 8; II, 5. Orelli, 1172. C. PLINIVS L. F. OVF. CÆCILIVS | AVGVR. LEGAT. PRO. PR. PROVINCIÆ PŌNTI (*et Bithyniæ*) | CONSVLARI POTESTATE IN EAM PROVINCIAM ET (*in Thraciam ab*) | IMP. CÆSAR NERVA TRAIANO AVG. GERMAN(*ico Dacico missus*) | CVRATOR ALVEI TIBERIS ET RIPARVM ET | PRÆF. ÆRARI SATVRNI. PRÆF. ÆRARI MILITVM | QVÆSTOR IMP. SEVIR. EQVITVM... | TRIB. MILIT. LEG. III GALLICÆ | X. VIR STLITIB. IVDICAND. THERM... | ADIECTIS IN ORNATVM HS CCC. AMPLIVS IN TVTELA HS. CC T(*estamento*) F(*ieri*) I(*ussit*)... | ... E LIBERTOR. SVORVM NOMINE HS | XVIII. LXVI DCLVI REI... | INCREMENT. POSTEA AD EPVLVM PLEB. VRBAN. VOLVIT PERTIN... | AMPLIVS DEDIT IN ALIMENT. PVEROR ET PVEL | LAR. PLEB. VRB. HS. CCC., IN TVTELAM BYBLIOTHECÆ HS. C.

[2] L. 40, *De reb. cred.*, D. XI, 1. Lecta est in auditorio Æmilii Papiniani, præfecti prætorio, *jurisconsulti*, cautio ejus modi.

que autre contemporain portant le même nom, du poëte
Proculus par exemple[1].

Quel est ce Proculus? Est-ce le fameux jurisconsulte
Sempronius Proculus qui donna son nom à la secte des Pro-
culéiens? Borghesi ne peut le croire : « Car, dit-il, Pom-
ponius nous apprend que Proculus succéda à Nerva : *Nervæ
successit Proculus*. Or, Nerva était consul en 775 et mourut
en 786, sous Tibère, 86 ans avant le testament de Dasumius. Si à cette époque Proculus était déjà un jurisconsulte
distingué, il ne pouvait plus exister en 862. » L'objection
de Borghesi serait péremptoire si Proculus eût remplacé
Nerva dans quelque fonction publique; mais dire qu'il lui a
succédé comme chef d'école, ce n'est pas en faire un contemporain. Proclamer Napoléon l'héritier de Frédéric dans
l'art de la guerre n'est point dire que Napoléon a succédé
immédiatement à Frédéric. On peut donc admettre, sans
que notre hypothèse soit trop forcée, qu'il s'agit dans notre
testament du jurisconsulte Proculus.

Les Jules (ligne 27), dont l'un s'appelle Threptianus, ou
Threptus (alumnus), forme plus fréquente en épigraphie que
celle de Threptianus, descendent sans doute de ces affranchis de la *gens Julia*, si nombreux dès le temps de Vespasien, qu'ils formaient déjà un collège particulier composé
de six centuries, le *corpus Julianum* dans la tribu Subu-
rana[2]. Les Cornelii, non moins nombreux, quand on songe
que Sylla seul avait nommé de son nom dix mille affranchis,
formaient aussi dès le temps de Cicéron un collège particulier[3], et c'est peut-être à ce collège qu'appartenait le
Cornelius Senex nommé dans la ligne 27.

[1] Pline, Ep. III, 15.
[2] Orelli, 3097.
[3] Cic. in Cornel. ap. Ascon., p. 74. Vulgare nomen esse Phllerotis; Cor-
nelios vero ita multos, ut jam etiam collegium constitutum sit.

Quant au parent (*adfinis*) du testateur, dont le nom est à demi mutilé DORO ADFINI, M. Rudorff suppose qu'il peut être ici question du célèbre architecte Apollodore qui construisit sous Trajan le Forum, l'Odéon et le Gymnase, qui dédia à Adrien ses *Poliorcétiques*, et qui fut mis à mort par l'empereur pour s'être permis de plaisanter sur la mauvaise construction du temple de Vénus sur la voie Sacrée, qu'on avait élevé sans prendre son avis [1].

La somme que Dasumius consacre à l'embellissement de sa patrie est plus considérable que le legs fait par Saturninus à sa ville natale (Pline v. 7); elle est exprimée non pas en sesterces, mais en deniers, 12500, deniers, c'est-à-dire 500,000 sesterces (environ 115,000 francs).

La forme du legs est à remarquer. Il semble qu'au lieu d'avoir recours à un fidéicommis, et de charger des intermédiaires d'exécuter sa volonté, il eût été plus simple pour Dasumius de faire une donation directe à la ville, et de déterminer par une clause spéciale l'emploi des deniers laissés. Mais il faut remarquer qu'à cette époque, encore bien que Nerva eût déclaré valables les legs faits aux municipalités [2], on doutait de la validité de libéralités semblables. Pline, parlant de la donation faite par Saturninus à la ville de Côme, instituée légataire *per præceptionem* pour 4,000,000 sesterces, regarde le legs comme mauvais : *Nec heredem institui*, dit-il, *nec præcipere posse rem publicam constat* [3]. Suivant l'école de Sabinus, celui-là seul pouvait *præcipere* (c'est-à-dire *prendre hors part*), qui était institué héritier

<hr>

[1] Dio Cass., LXIX, 4. Spart., *Hadrian.*, c. 18.

[2] Ulpian, XXIV, 20. Civitatibus omnibus, quæ sub imperio populi Romani sunt, legari potest; idque a Divo Nerva introductum, postea a senatu auctore Hadriano diligentius constitutum est.

[3] Pline, V, 7.

pour une part quelconque[1]; mais, d'après le droit civil, une cité ne pouvait être instituée comme héritière; le legs était donc caduc. Il était encore nul, suivant l'école de Proculus, quoique cette dernière secte admît la validité du legs *per præceptionem* fait à une autre personne qu'un héritier[1]; car il eût fallu pour accepter le legs une déclaration de volonté, dont la législation ne reconnaissait pas capable une personne juridique, telle qu'une corporation municipale. Ce fut Antonin qui rendit un pareil legs valide, en ordonnant de considérer à l'avenir la volonté des décurions comme la volonté de cette personne juridique qui constituait la cité[3].

Ce qu'une jurisprudence formaliste ne permettait point de faire directement par un legs, on l'obtenait en se servant d'un moyen indirect, en chargeant des personnes tierces d'un fidéicommis, et c'est ce que fait Dasumius. « *Rogavit*, écrit Pline à Trajan[4], *rogavit (Julius Largus ex Ponto) ut hereditatem suam adirem cerneremque, ac deinde, perceptis quinquaginta millibus nummûm, reliquum omne Heracleotarum et Theanorum civitatibus redderem : ita ut esset arbitrii*

---

[1] Galus, II, 216. Per præceptionem hoc modo legamus : LUCIUS TITIUS HOMINEM STICHUM PRÆCIPITO.—217. Sed nostri quidem præceptores (Galus était Sabinien) nulli alii eo modo legari posse putant, nisi et qui aliqua ex parte heres scriptus esset ; *præcipere enim esse præcipuum sumere*; quod tantum in ejus persona procedit, qui aliqua ex parte heres institutus est, quod is extra portionem hereditatis præcipiat legatum quod habiturus sit.—§. 218. *ibid.*

[2] Galus, II, 221. Sed diversæ scholæ auctores putant etiam extraneo per præceptionem legari posse, proinde ac si ita scribatur : TITIUS HOMINEM STICHUM CAPITO, supervacuo adjecta PRÆ syllaba, ideoque per vindicationem eam rem legatam videri. Quæ sententia dicitur divi Hadriani constitutione confirmata esse.

[3] Galus, II, 195. Cum legatus fuisset Latinus per vindicationem coloniæ, *deliberent*, inquit (divus Pius), *Decuriones, an ad se velint pertinere, proinde ac si uni legatus esset*. L. 5, pr., *De op. publ.* D., L, 10.

[4] Pline, Ep., X, 79, 80.

mei utrum opera facienda, quæ honori tuo consecrarentur, *putarem; an instituendos quinquennales agonas qui Trajani* *appellentur.* » Voilà un fidéicommis semblable à celui de Dasumius. Reste à se demander quels étaient les droits de la ville pour laquelle on avait fait la libéralité, quand le fidéicommissaire tardait à s'exécuter. Si le testateur n'avait eu en vue que de perpétuer sa mémoire, s'il avait pensé plus à lui qu'à la cité qu'il devait embellir par ses constructions, c'était au magistrat de contraindre le fidéicommissaire à se conformer aux volontés du testateur. La ville n'avait point d'action[1]. Mais il en était tout autrement quand la donation était faite à la cité; elle était parfaitement valide, et, à ce titre, on pouvait contraindre le fidéicommissaire à remplir ses obligations[2]. Bien plus, et quand le legs était fait à la charge par le fidéicommissaire d'exécuter ou de faire exécuter la libéralité; quand il consistait *in faciendo,* suivant l'expression technique (et c'est le cas de notre testament, si l'on adopte la restitution probable de Puggé: OPERA SUPRA SCRIPTA FIANT EJUS *eorumque arbitratu*[3]), on ne pouvait s'affranchir de la charge imposée, en remettant l'argent laissé par le testateur,

[1] L. 7, *De ann. legat.*, D. XXXIII, 1... Cum quis jussit in municipio imagines poni...., si non honoris municipii gratia id fecisset, sed sua, actio eo nomine nulla competit,.. sed interventu judicis hæc omnia debent... ad effectum perduci. L. 117, 128, *De leg.*, 1, D. XXX.

[2] L. 6, § 2, *De auro arg. leg.*, D. XXXIV, 2. Lucius Titius testamento ita scripsit: *Heredem meum volo, fideique ejus committo, ut in patriam meam faciat porticum publicam, in qua poni volo imagines argenteas, item marmoreas;* quæro an legatum valeat ? Marcellus respondit, valere, et operis cæterorumque, quæ ibi testator poni voluerit, legatum ad patriam pertinere; intelligi enim potuit, aliquod civitati accedere ornamentum. L. 29, *De rebus auct. jud.*, D. XLII, 5. L. 23, *De except.*, D. XLIV, 1. Pline, *Hist. nat.*, XXXV, 2.

[3] Sur cette clause, *opus arbitratu alicujus fieri*, voy. L. 68, *De V. S.* D. L. 16. L. 24, *Locati*, D. XIX, 2.

*Si quis opus facere jussus, paratus sit pecuniam dare rei pu-
blicæ, ut ipsa faciat, cum testator per eum id fieri voluerit,
non audietur ; et ita Divus Marcus rescripsit*[1].

Dasumius oblige en outre les fidéicommissaires de con-
sacrer par l'inscription de son nom, les monuments qu'ils
feront élever, monuments sans doute désignés dans les lignes
28 et 29 par les mots *ad porticum extruendam, instruendum
forum* ou quelques autres indications de même espèce ; le
mot de *consécration* n'emporte point l'idée d'un édifice religieux, il indique seulement que l'édifice est destiné à la cité.
C'est ainsi que sur un monument qui n'a rien de religieux,
l'arc de Bara, près de Tarragone en Espagne, on lit l'inscription suivante : EX TESTAMENTO L. LICINI L. F. SERG. SURÆ
CONSECRATUM[2]. Il est probable que la fin de la ligne 29 fixait
le délai dans lequel devaient être élevées les constructions.
Cette détermination avait de l'importance, puisqu'une fois
le terme passé, on pouvait exiger tantôt l'intérêt, tantôt le
dépôt de la somme restant due par le fidéicommissaire[3].

Éterniser son nom en l'inscrivant sur le monument qu'on
avait élevé de ses deniers, c'était une des pensées favorites

---

[1] L. 11, § 25, *De legat.*, 3, D. XXXII.

[2] Orelli, 2196. Suet., *Cæsar*, c. 20, appelle l'*ager campanus* ; *majori-
bus consecratus*. Sénèque, *De brevitate vitæ*, emploie dans le même sens
l'expression : *operum publicorum dedicationes.*

[3] L. 5, *De operib. publ.*, D. L, 10. Si legatum vel fideicommissum fuerit
ad opus relictum, usuræ quæ et quando incipiant deberi, rescripto divi Pii,
ita continetur : « Si quidem dies non sit ab his, qui statuas vel imagines
ponendas legaverunt, præfinitus, a præside provinciæ tempus statuendum
est ; et nisi posuerint heredes, usuras leviores intra sex menses, si minus,
semisses usuras reipublicæ pendant. Si vero dies datus est, pecuniam de-
ponant intra diem ; si aut non invenire se statuas dixerint, aut loco contro-
versiam fecerint, semisses protinus pendant. » L. 17, § 8, *de usur.*, D.
XXII, 1.

de la vanité romaine[1]. Trajan porta si loin cette passion, que Constantin le surnommait en plaisantant *la pariétaire*; son nom se trouvant, comme cette herbe, sur toutes les murailles. Adrien, au contraire, plus modeste en ce point, n'écrivit son nom que sur le temple qu'il consacra à la mémoire de son bienfaiteur[2].

Le fidéicommis (lig. 33, 34) se terminait sans doute en exigeant des légataires une promesse de mener à bonne fin l'œuvre dont ils étaient chargés, promesse exécutoire suivant un rescrit de Trajan[3].

V. LEGS FAIT A LA NOURRICE DASUMIA SYCHE.

DASVMIAE SYCHE NVTRICI. . . . .
. . . .
35 . . . . VENVCVM AREIVM PISCATOR*es*, ...
. . . .
36 . . . . ELEGERIT, PRAETER QVAM ·X· C, . .
. . . .
37 . . . . *argenti* ESCARI ET POTORI EX MEO QVOD ELE-
gerit, ...
38 . . . . *chartam* SIVE PHILVRAM CALCVLATORIAM. . . .

Les Romains témoignaient une piété toute filiale pour l'esclave qui les avait nourris, et il était rare que ces femmes quittassent jamais l'enfant qu'elles avaient élevé.

[1] L. 2, pr., § 2. L. 7, § 1, *De op. publ.*, D. L, 10.

[2] Ammian, xxvII, 3. Victor, *Epit.*, 41. Quum opera ubique infinita fecisset (Hadrianus), nunquam ipse, nisi in Trajani patris templo nomen suum scripsit.

[3] L. 14, *De pollicit.*, D. L, 12. Si quis sui alicujusve honoris causa, opus facturum se in aliqua civitate promiserit, ad perficiendum tam ipse quam heres ex constitutione D. Trajani obligatus est.

On sait quel est le rôle de la nourrice dans les tragédies et les comédies de l'antiquité. Pline nous a laissé dans ses lettres le touchant témoignage du soin qu'il prenait de la femme qui lui avait servi de seconde mère[1]. Dasumius s'occupe avec non moins de tendresse d'assurer le sort de sa nourrice. Nous avons déjà vu qu'il l'a instituée son héritière; mais cette institution, qui peut être sans résultat, et qui est faite plutôt pour empêcher l'inexécution du testament que pour assurer la position de Dasumia, n'est qu'une mesure insuffisante, et le testateur prend des moyens plus directs pour assurer à sa nourrice une vieillesse paisible. Nous verrons dans la ligne 46 qu'il lui fait un legs d'argent. Dans les dispositions que nous examinons en ce moment, il semble qu'il lui laisse un petit bien situé sur la côte, avec les esclaves qui l'habitent et le mobilier qui le garnit. C'est ce que parait indiquer le legs des deux esclaves pêcheurs, Venucus et Areius[2]; ils sont désignés nominativement, parce qu'ils ne sont pas attachés à la métairie, mais que probablement, à raison même de leur métier, ils font partie des *ministeria* qui suivent la personne du maître[3].

Puggé a rapporté *l'elegerit* de la ligne 36 au legs des deux esclaves pêcheurs, et il rétablit *quem eorum* devant ce mot; mais la grandeur de la lacune ne permet point une aussi brève restitution; et on ne peut expliquer ainsi le PRÆTER-

---

[1] Pline, Ep., VI, 3.

[2] Ἄρειος comme nom d'esclave, Cic., *ad Att.*, V, 9.

[3] L. 27, *De instructo*, D. XXXIII, 7. Prædia maritima, cum servis, qui ibi erunt et omni instrumento, et fructibus, qui ibi erunt, et reliquis colonorum, nutritori suo legavit. Quæsitum est, an servi piscatores, qui solebant in ministerio testatoris esse, et ubicumque eum sequi, et urbicis rationibus expungebantur, nec mortis testatoris tempore in prædiis legatis deprehensi fuerint, legati esse videantur? Respondit, secundum ea quæ proponerentur, non esse legatos.

QUAM ·X· C. (*denariorum centum*). On n'achète point un esclave pour une pareille somme (moins de cent francs). Il est
plus simple de supposer qu'il s'agit de l'appareil de pêche
(*instrumentum piscatorium*)[1], et que Dasumius a voulu limi-
ter à un chiffre convenable, et en rapport avec l'importance
de la métairie, le choix que sa nourrice pourra faire parmi
ces différents objets.

Vient ensuite le détail des couverts et des coupes que
Dasumia pourra prendre pour son usage personnel. La restitution suppose que ces objets sont d'argent (*argenti* ESCARI
ET POTORI) : ils étaient d'or ou d'argent [2] pour les riches, de
verre et de terre pour les petites fortunes [3]. La position de
Dasumius autorise à supposer qu'ils étaient au moins d'argent. Le couvert (*escale, escarium argentum*), comprend tous
les objets dont on se sert à table pour son usage personnel,
quod ad epulandum in ministerio habuit. Ne sont compris
dans ce mot ni le service de table (*ministeria*), ni les plats et
les réchauds (*cocinatorium, cocitatorium, coquinarium instrumentum*[4]). Le *potorium argentum* désigne tous les vases qui

---

[1] Paul, III, 8, § 66. Instrumento piscatoris legato, et retia, et nassæ et fuscinæ, et naviculæ, hami quoque et cetera ejusmodi usibus destinata, debentur. L. 17, § 1, *De instructo*, XXXIII, 7.

[2] Orelli, 2897. M. VLPIO ERIDANO | AUG. L(*iberto*) AB AURO | ESCARIO PRÆPOSITO,. PARTENI | VS CÆSARIS N(*ostri*) AB ARGENTO | POTORIO—BENE MERENTI FEC(*it*). Paul, *Sent.* III, 6, § 67. L. 32, § 2, *de auro*, D. XXXV, 2.

[3] L. 3, § 3. L. 8, *De supellectili leg.*, D. XXXIII, 10. Vitrea escaria et potoria in supellectili sunt, sicut fictilia.

[4] L. 19, § 12, *De auro, arg. legat.*, D. XXXIV, 2. Si cui escarium argentum legatum sit, id solum debebitur, quod ad epulandum in ministerio habuit, id est ad esum et potum. Unde de aquiminario dubitatum est; et puto contineri, nam et hoc propter escam paratur. Certe si caccabos argenteos habebat, vel milliarium argenteum, vel sartaginem, vel aliud vas ad coquendum, dubitari poterit an escario contineatur. Et hæc magis coquinatorii instrumenti sunt. Paul, III, 6, § 86. Vasis argenteis legatis ea omnia conti-

servent à boire ou à rafraîchir, mais les vases à laver (*aqui-minaria*) font partie de l'*escarium* [1]. Les deux mots EX MEO (ligne 37) restreignent en outre le choix de Dasumia aux objets que le testateur laissera au jour de sa mort [2].

La *charta sive philyra* (*tilia*) *calculatoria* (ligne 38) est la même chose que la *charta ad ratiunculam vel ad logarium parata* dont Ulpien parle en un passage du Digeste [3]; ce sont des livres de dépense en papier ou en écorce de tilleul. Quel peut être le but d'un pareil legs? Puggé suppose que *philyra calculatoria* est un livre de compte, et il fait commencer à cette ligne 38 la série d'affranchissement que va prononcer Dasumius, à charge par ses esclaves de rendre leurs comptes (*rationes*) avant d'être libres. Mais on ne peut, sans faire violence à la langue latine, entendre ce mot de *philyra calculatoria* dans le sens de *rationes; philyra calculatoria* c'est le registre en blanc, et rien de plus. *Chartis legatis,* dit Ulpien, *nemo dicet scriptas, et libros jam factos legato cedere; hoc idem et in tabulis est* [4]. Il est plus simple d'admettre que

nentur, quæ capacitati alicui parata sunt, et ideo tam potoria quam escaria, item ministeria omnia debebuntur, velut urceoli, pateræ, lances, piperatoria, cochlearia quoque, itemque trullæ, calices, scyphi, et his similia.

[1] Sup., note précéd. L. 21, pr., *De auro leg.*, D. XXXIV, 2. In argento potorio utrum id duntaxat sit, in quo bibi possit, an etiam id, quod ad præparationem bibendi comparatum est, veluti colum nivarium, et urceoli, dubitari potest; sed propius est, ut hæc quoque insint... § 2. Sed de aquiminario Cassius ait, consultum se respondisse, quum alteri argentum potorium, alteri escarium legatum esset, escario cedere. L. 32, § 2, ibid.

[2] L. 7, ibid. Si ita esset legatum : *vestem meam, argentum meum damnas esto dare,* id legatum videtur, quod testamenti tempore fuisset, quia præsens tempus semper intelligeretur, si aliud comprehensum non esset; nam quum dicit; *vestem meam, argentum meum,* hac demonstratione *meum,* præsens, non futurum tempus ostendit. Idem est, et si quis ita legaverit : *servos meos.*

[3] L. 3, § 10, *De penu. leg.,* D. XXXIII, 9.

[4] L. 76, *De legat.,* III, D. XXXII. *Schol. Juvenal,* VII, 73, *alveolus :* tabula calculatoria, lusoria.

Dasumius pousse l'attention pour sa nourrice jusque dans
les plus petits détails, et lui lègue les registres nécessaires
pour écrire les dépenses et les recettes de la métairie qu'il lui
a laissée.

VI. AFFRANCHISSEMENTS.

39 . . . . ET SABINVM NOTARIVM ET MY. . .
. . . . |
40 . . . . *ra*tIONIBVS REDDITIS CVM CONTU*berna-*
libus suis liberos esse iubeo. . . . . |
41 . . . . M COCVM ET O. NVMICVM C. . . . .
. . . . |
42 . . . . ET DIADVMENVM NOTARIVM. . . . . . .
. . . . |
43 . . . . MNEM SVMPTVARIVM RATIO*nibus. red-*
ditis cum contubernali liberum esse volo, |
44 *ita, ut eam in* MATRIMONIO HABEAT , FIDELEM*-*
que. . . . . |
45 . . . . RCVLIS PVSILLIS COMPONIT . V. . . . .
. . . . |

Puggé suppose que ces affranchissements se font par fidéicommis, et il complète en conséquence la ligne 40 par
liberos esse volo; mais à la ligne 48 le testateur dit *liberos esse*
jussi, ce qui ne peut s'entendre que d'un affranchissement
direct. Il n'y a aucune raison pour distinguer ces dispositions qui se suivent; ici, comme plus bas, la liberté est
donnée directement; les affranchis sont *orcini.*

Sabinus est *notarius,* comme le *Diadumenus* de la ligne 42:
c'est ainsi qu'on nomme l'esclave qui écrit en notes, qui sté-
nographie[1]. Lui, et quelques autres dont le nom est perdu,

___

[1] Plin., Ep. IX. 35. Notarium voco, et ei admisso quæ formaveram dicto
abit, rursusque revocatur, rursusque remittitur. L. 40, pr. *De testam. mil.*

sont affranchis à condition de rendre leurs comptes, double obligation qui consiste *in facto*, à présenter leurs registres, et *in datione*, à payer le reliquat. En cas de contestation, l'esclave a le droit de demander des arbitres[1].

Dasumius affranchit avec les esclaves leurs compagnes de servitude, *contubernales*, leurs femmes, si l'on peut s'exprimer ainsi en parlant d'unions que la loi ignore. Les hommes sont affranchis sous condition; les femmes reçoivent la liberté sans réserve. La particule *cum* n'indique que leur position de *contubernales*, et ne subordonne nullement leur franchise à la reddition de compte que doivent leurs époux; elles sont libres, quand bien même leur mari serait mort avant l'adition d'hérédité : telle est du moins l'opinion de Paul[2], moins sévère en ce point que quelques jurisconsultes plus anciens[3].

Le nom du cuisinier (COCUM, ligne 41) est entièrement perdu. Le c qui suit NUMICUM indiquait sans doute la fonction de cet esclave; les lettres MNEM de la 43ᵉ ligne terminaient probablement le nom de l'esclave qui remplissait les

D. xxix, 1. Lucius Titius miles notario suo testamentum scribendum notis dictavit, et antequam litteris perscriberetur vita defunctus est..., L. 41, § 3, *De fid. lib.* D. xl, 5. L. 26, C. *De pign.*, viii, 14.

[1] L. 32, 82, iii, *De cond. et dem.* D. xxxv, 1. L. 5, § 1, *De manum.* D. xl, 1. Sed et si rationibus redditis liber esse jussus fuerit, arbiter in servum et dominum, id est heredem, datur de rationibus excutiendis.

[2] L. 81, *De cond. et demonst.* D. xxxv, 1. Julius Paulus Nymphidio : Quæsiisti, si ita in testamento cautum esset : *Stichus, si rationes reddiderit, cum contubernali sua, liber esto, iisque decem heres dato*, an Sticho mortuo, antequam rationes redderet..., libera esset mulier, et an de legato idem accipiamus..... Non ineleganter illud dicetur, Stichum quidem sub conditione manumissum, contubernalem autem ejus pure, et illam conjunctionem non ad conjungendam conditionem, sed ad necessitudinem demonstrandam pertinere.

[3] L. 31, *De statu lib.* D. xl, 7.

fonctions de *sumptuarius* : c'est ainsi qu'on nommait une sorte d'intendant chargé de surveiller l'intérieur de la maison, la cuisine, le cellier, la garde-robe[1]. Cet esclave *sumptuarius* est affranchi à condition de rendre ses comptes, et afin qu'il puisse épouser une esclave affranchie avec lui. Les derniers mots étaient sans doute une exhortation à se montrer fidèle époux : *fidelemque ei servet conjugis affectum*, par exemple.

Quant à la ligne 45, elle est dans un tel état de mutilation, qu'il est impossible d'essayer une restitution. Puggé a proposé de lire *latercvlis*; mais c'est une supposition que rien ne justifie, et qui ne donne aucun résultat satisfaisant.

VII. LEGS D'ARGENT LAISSÉS AUX AFFRANCHIS.

46 . . . . *Dasumio* COLONO. LIB. •X• • ∞ , DASVMIAE
syche nutrici bene meritae. •X• , ... |
47 . . . . , *lib*. •X• ∞ , HELIOPAEDI LIB. •X• ∞ ,
CA. . . . . |
48 . . . . SINGVLIS •X• ∞ , EVROTAE LIB. X.
. . . . |

La suite des affranchissements est interrompue par des legs, probablement parce qu'un des affranchis, le *sumptuarius* peut-être, est chargé de les acquitter. Les légataires sont déjà affranchis à l'époque du testament; peut-être même quelques-uns sont-ils des affranchis du père de Dasumius : tels paraissent être Syche, la nourrice, et l'affranchi qui la précède et qui devait porter aussi le nom de Dasumius. Quant aux autres affranchis qui doivent sans doute

[1] Gruter, 333, 5. PHILOMVSO FVLLONI— DAPHNO SVMPTVARIO ET HEDVALO A MANV. *Ibid*., 331, 2. Murat., 978, 6.

la liberté à notre testateur, ils sont désignés par leur nom
d'esclave et l'épithète de *libertus*. De ces affranchis, l'un,
Héliopædus, est nommé deux fois encore (lignes 62 et 99)
dans le testament; l'autre, Eurotas, reçoit un supplément de
legs considérable dans le codicille (ligne 130). Dans le chapitre qui nous occupe, il reçoit, comme tous les autres légataires, la somme de 1,000 deniers (environ neuf cents
francs.

VIII. SUITE DES AFFRANCHISSEMENTS. *Vicesima.*

49. . . . . *Si* EROS VESTIARIUS RATIONEM *actus*
　　sui heredi meo reddiderit, liber esto, item|

50 . . . . *paeda*GOGVS , RATIONE REDDITA , PHOEBUS
　　. . . . . *et*. . . . . . *liberi sunto, prae-|*

51 *terquam si* QVEM EX HIS ALIO SCRIPTO LIBERVM
　　esse veluero. Quem enim ita veluero, is neque|

52 *liber esto,* NEQVE VICENSIMAE NOMINAE EI *prove eo*
　　pub(*licano*) *XX libertatis heres meus quidquam*

53 *dato.* | *Ceteros omnes,* QVOS LIBEROS ESSE IVSSI, EOS
　　ex meo accipere volo, quod eo nomine pub(*licano*)

54 *debe-* | *bunt,* fidei aut*em* EORVM COMMITTO, QVISQUIS
　　mihi heres heredesve erunt, ut eam pecuniam sin-|

55 *gulis dent* triBVANT CONCEDANT SINE VLLA *contro-*
　　versia : et cum primum quisque eorum liber fa-*|*

56 *ctus fuerit hoc* AMPLIVS ·X· V . ET HOC AMPLIVS
　　. . . . . |

57 . . . . CVM· PRIMVM MANVMISSA *fue-*
　　rit. . . . . |

58 . . . . ARCVLAM TIIA . CVM ORNATO
　　. . . . . |

L'esclave Eros est désigné par sa fonction pour le distinguer d'un autre esclave du même nom qui fait plus bas l'objet d'un legs (ligne 79). Le *vestiarius* n'était pas celui qui fait

le commerce des vêtements, le *negotiator vestiarius* des lois romaines[1], c'était l'esclave chargé de la garde-robe, et à ce titre il est compté parmi les esclaves attachés à la personne du maître (*ministeria urbana*)[2].

Le *pædagogus*, si cette restitution est bonne, serait le précepteur de Dasumius (ce ne peut être le précepteur de ses enfants, puisque le testament est celui d'un homme qui n'a point de famille); mais on peut à bon droit s'étonner que Dasumius ait attendu si tard pour affranchir un homme qui avait autant de droit à son affection que Syche, sa nourrice.

Un affranchissement testamentaire ne peut être révoqué que par un testament, ou des codicilles confirmés par testament : « *Libertas*, dit Ulpien, *sicut dari, ita et adimi, tam testamento, quam codicillis testamento confirmatis potest; ut tamen eodem modo adimatur, quo et data est*[3]. » Mais on peut néanmoins révoquer par simple codicille la liberté laissée par testament, quand dans le testament on a fait de la non-révocation la condition de l'affranchissement : « STICHUS, SI CODICILLIS EUM NON VETUERO LIBERUM ESSE, LIBER ESTO, *sic est*, dit Paul, *atque si diceret* : STICHUS, SI IN CAPITOLIUM NON ASCENDERO, LIBER ESTO; *nam et heres sic institui potest*[4]. » Il semble que Dasumius se soit réservé dans son testament cette facilité de révoquer par codicille ses dernières dispositions.

L'affranchi devait payer au trésor un droit de 5 pour 100 de sa valeur, droit que Caracalla éleva momentanément à 10 pour 100. Cet impôt se nommait *aurum vicesimarium*, parce

---

[1] L. 45, *De op. lib.* D. xxxviii, 1. L. 5, § 4, *De instit. act.* D. xiv, 3 ; et Orelli, n° 2970 (sup., pag. 292, note 1), 3613, 4296, 4297, 4720, 5004.

[2] Paul. *Sent.* iii, 6, § 53 et 72.

[3] Ulp. ii, 12.

[4] L. 28, *De manum. testam.* D. xl, 4.

qu'il devait se payer en or, et se levait par des publicains[1]. D'ordinaire les testateurs, pour compléter leur bienfait, léguaient cette somme soit à l'affranchi, comme *liberatio*, soit au fisc, comme *debitum*. « *Ad summum*, dit Trimalcion dans Petrone[2], *omnes illos in testamento meo manumitto, Phylargyro etiam fundum lego et contubernalem suam, Carrioni quoque insulam, et vicesimam, et lectum stratum.* » Dasumius agit avec cette générosité envers tous ses affranchis, hormis ceux dont il pourrait révoquer la liberté; il enjoint à ses héritiers de payer sans difficulté le droit de vingtième, sans ajouter quelle serait la peine de leur refus, précaution qui cependant eût été d'autant plus nécessaire, que la loi n'avait encore établi aucune peine en pareil cas[3].

En outre de la *vicesima* (*Hoc amplius*)[4], Dasumius laisse à ses esclaves une petite somme de 5 deniers, destinée sans doute à couvrir quelques frais nécessaires de l'affranchissement. Scœvola nous a conservé un codicille dans lequel se trouve un legs aussi modique[5], mais il s'agit d'une somme mensuelle, tandis qu'il n'est question ici, suivant toute apparence, que d'une somme une fois payée.

Les lignes 57-58 contiennent un legs spécial : il est fait à une esclave à laquelle on laisse la liberté, non pas directe-

---

[1] *Publicani libertatis*, Orelli. 3333.

[2] Petron, c. 71. Festus, v° *manumitti, puri*. Arrian., *Epictet.*, 2, 1, 3.

[3] L. 40, § 2, *De statu lib.* D. XL, 7. L. 41, § 14. D. *De fid. lib.* D. XL, 5. — Nov. 1, c. 1.

[4] Sur les diverses acceptions de cette expression, v., l. 54, *De leg.*, 3. D. XXXII. L. 30, p. *De adim.* D. XXXIV, 3. L. 4, *De dote prœl.* D. XXXIII, 4. Cujas, Obs. VIII, 30.

[5] L. 30, p. *De adim. leg.* D. XXXIV, 4. Viginti libras auri, quas testamento Semproniæ alumnæ meæ reliqui, eas dari volo Mævio, cautionibus interpositis ut ex ea summa eidem Semproniæ, quandiu advixerit, præstet menstruos denarios quinque, et vestiarii nomine denarios centenos vicenos quintos.

ment, mais par fidéicommis, ainsi qu'il résulte de la formule *cum primum manumissa fuerit.* L'objet du legs est fort douteux. Borghesi restitue : THAMICUM ORNATOR*em* : mais il n'y a pas assez de place entre THA et CUM pour admettre cette restitution : ARCULAM THA*l* (c'est-à-dire *thalamariam*) CUM ORNATOR*e* semble plus simple et moins forcé. Les *arculæ* font partie du *mundus muliebris*[1]; elles se nomment *thalamariæ*, parce que leur place est dans le *thalamus*[2]; des *ornatores* sont nommés parmi les serviteurs de la maison impériale[3]. Quant aux *ornatrices*, dont le nom se retrouve souvent chez les anciens, elles n'avaient que faire dans la maison du célibataire Dasumius.

IX. VESTIARIUM DES AFFRANCHIS.

> *Hoc amplius here-*
> 59 *des mei* *praef*ATI DENT TRIBVANT CONCEDAN*t sine*
> *ulla controversia.* . . . . |
> 60 . . . . *Ha*RMASTO ANATELLONTI LIBERT*is in*
> *singulos annos, quandiu quis eorum vivet, ini-*|
> 61 *tio cuiusque anni* VESTIARI NOMINE SINGVLIS · X · . . ,
> *hoc amplius.* . . . . |
> 62 . . . . *Te*RPNO ACHILLI HELIOPAEDI LIBER*-*
> *tis initio cuiusque anni vestiari nomine sin-*|
> 63 *gulis in singvlos* ANNOS, QVANDIV QVIS EOR*um*
> *vivet,* · X · . . , *hoc amplius.* . . . . |
> 64 *libertis, quandiv* QVIS EORVM VIVET, INITIO CV*-*
> *iusque anni heredes mei vestiari nomine* · X · . . |
> 65 *ipsi danto,* CV*r*ANTOVE DARE INFRA SCRIPTIS CON*-*
> *ditionibus.*

[1] Cic., Att., II, 1. Meus liber totum Isocratis μυροθήκιον atque omnes ejus discipulorum arculas consumpsit. *De off.*, II, 7. Perscrutari arculas muliebres. L. 25, § 10, *De auro.* D. XXXIV, 2.

[2] Vitruv., VI, 10.

[3] Orelli, 694, 3171.

La disposition présente contient un legs d'habillement (*vestiarium*[1]) au profit de plusieurs affranchis. Ce legs est imposé aux héritiers déjà nommés, *præfati heredes*, ce qui désigne les héritiers institués dans le premier chapitre du testament; et il est fait en partie dans la forme d'un fidéicommis, en partie dans la forme d'un *legatum damnationis*.

La donation est faite en argent, et non pas en nature; ce n'est pas le *vestiarium* même qui est laissé aux affranchis, c'est l'*annuum vestiarii nomine*. Les héritiers n'ont à s'occuper que d'assurer ce revenu[2] sur la fondation dont il est question plus bas (ligne 100). Cette libéralité est donc un legs d'argent qui, de sa nature, finit par le *capitis diminutio* du légataire[3]. La restitution de Borghesi (ligne 63-64) : QUANDIU QUIS EORUM *in civilate fuerit, et quandiu* QUIS EORUM VIVET, serait donc parfaitement admissible, si, d'une part, elle n'était beaucoup trop courte pour l'espace qu'il s'agit de remplir, et si, d'un autre côté, on pouvait croire que le testateur eût placé la *capitis diminutio* avant la mort naturelle.

[1] Columella, 1, 8. Seneca, *De benef.*, III, 21. L. 81, *De c. et dem.* D. XXXV, 1. L. 3, § 4. *Si cut plus.* D. XXXV, 4. L. 4, 12, 13, 18, 21, *De alim.* D. XXXIV, 1. L. 8, § 12, *De transact.* D. II, 15.

[2] L. 28, § 1. *Quando dies.* D. XXXVI, 2.

[3] L. 3, *De alim.* D. XXXIV. Exemplum, dit un rescrit impérial, libelli dati mihi a libertis Silli, misi vobis sciens ad exemplum istam rem pertinere, quia multi testamentis suis præstari libertis jubent necessaria, quæ, quia minimi æris sunt, ad nihilum perducuntur, quum plures heredes cœperunt per successionem existere. Qua de causa puto vos recte (judices) facturos, si convocatis Favillæ heredibus, procuratoribusve eorum, constitueritis cui a cæteris dari debeat pecunia, ex cujus usuris alimenta præstentur, Debebit autem is qui accipiet, cavere iis qui dabunt, redditurum se, *ut quisque ex libertis decesserit, aliove quo modo in civitate esse desierit,* tantum ex sorte, quantum efficiet pro portione computatio.

Le legs d'habillements, comme le legs d'aliments, est personnel de sa nature, et, à la mort de chaque affranchi, s'éteint pour la part afférente au défunt. C'est ce caractère viager qu'indique l'expression *quandiu vivet*. Ce n'est point que la fixation du temps ait un effet direct, car, dans le droit romain, on ne peut faire un legs *ad diem*[1]; mais on considère le legs *in singulos annos quandiu vivet* comme une réunion de plusieurs legs distincts dont le premier est fait purement et simplement, et dont chacun des suivants est laissé sous la condition: *si vivet*. On arrive par ce moyen à faire cesser l'effet de la libéralité à la mort du légataire[2].

L'ouverture et la transmission des *annua legata* a lieu non pas seulement du jour de l'adition d'hérédité, mais du jour même de la mort du testateur, et l'on doit payer au légataire ce qui est échu depuis le décès jusqu'au jour de l'acceptation. Quant à la somme due annuel'ement, était-elle due au commencement ou à la fin de chaque année? C'était une question controversée[3]; et c'est peut-être ce motif qui a décidé Dasumius à établir que le payement se ferait au commencement de chaque année.

---

[1] L. 44, § 1, *De obl. et act.* D. XLIV, 7. Placet etiam ad tempus obligationem constitui non posse, non magis quam legatum; nam quod alicui deberi cœpit, certis modis desinit deberi; plane post tempus stipulator vel pacti conventi, vel doli mali exceptione summoveri poterit. L. 56, § 4, *De verb. obl.* D. XLV, 1.

[2] L. 4, *De annuis legat.* D. XXXIII. Si in singulos annos alicui legatum sit, Sabinus, cujus sententia vera est, plura legata esse ait, et primi anni purum, sequentium conditionale; videri enim hanc inesse conditionem, *si vivat*, et ideo mortuo eo ad heredem legatum non transire. L. 10, 11, 12, p. *Quando dies.* D. XXXVI, 2. V. Savigny. *System.*, III, p. 221.

[3] L. 12, § 1. *Quando dies.* D. XXXVI, 2. Sed utrum initio cujusque anni, an vero finito anno cedat, quæstionis fuit. Et Labeo, Sabinus et Cassius et Julianus in omnibus, quæ in annos singulos relinquuntur, hoc probaverunt, ut initio cujusque anni hujus legati dies cederet.

La somme annuelle à payer pour l'habillement était quelquefois exactement déterminée, et il semble que ce soit le cas de notre testament, dans lequel la somme paraît exprimée en deniers; souvent cette dépense était laissée à la discrétion de l'héritier; quelquefois le testateur ordonnait de continuer ce qu'il avait fait de son vivant. Le Digeste nous a gardé des exemples de ces différentes dispositions[1].

X. LEGS A SEPTUMA SECUNDINA.

          Hoc amplius heredes mei supra|
66 *scripti lancem* AVREAM MEAM MAXIMAM, *quae*

. . . . |

67 . . . . EST ET DIADVMENVM CVBICVLARIVM

. . . . |

68 . . . . ET STEPHANVM DROPACATOREM. . . .

. . . . |

69 . . . . OREM ET FAVSTVM SVTOREM *et*. . . .

. . . . |

70 *et*. . . . . *paria* MVLARVM, QVAE ELEGERIT, CVM *car-ruchis et mulionibus danto Septumae materle*-|
71 *rae meae pientissimae.* HOC AMPLIVS EPAPHRO-DITVM. . . . . |
72 . . . . TVM MEDICVM, PHILOCYRIVM. . . . .

. . . . |

73 *signa mea aurea* ET ARGENTEA OMNIA ET IMAGi-*nes argenteas eidem Septumae materterae dari*|
74 *volo et rogo* PIETATEM TVAM, VT CVRES IN PVBL*ica eas porticu poni, quam Cordubae extrui iussi, si*-|
75 *gillaria vero,* QVAE VBIQVE HABEO, IN AMICOS *fidelissimos, quos voles, conferas. Hoc amplius*|

<hr>

[1] L. 39, § 2. *Fam.* ercisc. D. x, 2. Servo... ex die mortis suæ quoad viveret, cibariorum nomine denarios denos, vestiarii denarios XXV præstari se velle significavit. L. 5. *De alim.* D. XXXVI, 1, *pro arbitrio vestro.* L. 18, § 1, 17, 19, 20, pr. cod. *quæ vivus præstabam.*

76 .... DISPENSATOREM , RATIONIBVS. ....

.... |

77 .... EM ET EVTYCHEN , CVBICVL(*o*)

MAIO*ri praepositum*. .... |

78 *dari volo* MATERTERAE SEPTVMAE SECVNDIN*ae*. *Hoc*

amplius , matertera carissima , commendo tibi|

79 .... EROTEM, MENECRATEM ET PAE-

DERO*tem*............... *et rogo pietatem tuam,*|

80 *ut in eodem* OPERE ILLOS HABEAS DONEC VIV*ent*

.... |

81 ...... *quoniam* NVLLO MERITO MEO TAM VALDE

.... *Hoc amplius*|

82 .... *reliqva* SEPTVMAE MATERTERAE M*eae*

commendo,.................................... |

83 .... *rebvs* MEIS HABVIT, FIDEIQVE EIVS N...

.... |

84 .... *Hoc amplivs* SEPTVMAE MATERTERAE

MEAE. .... |

85 .... CVRSOREM, ENCOLPIVM ACTOREM,

....

Ce chapitre contient les legs faits à Septuma Secundina, la tante, et probablement la plus proche parente du testateur. Malheureusement le monument est tellement mutilé, que toute restitution est à peu près impossible.

Dasumius lui lègue la plus grande de ses coupes d'or : LANCEM AVREAM MAXIMAM. La substitution de *lancem* proposée par M. Rudorff, au lieu de la leçon *pateram*, semble justifiée par le passage suivant de Labéon : « *Qui lancem maximam, minorem, minimam relinquebat, ita legaverat; lancem minorem illi lego; mediæ magnitudinis videri legatam lancem responsum est, si non appareat quam lancem ex his pater familias demonstrare voluisset*[1]. »

[1] L. 30, *De auro*. D. XXXIV, 3. L. 139, *De legat.*, 3. D. XXXII.

Dropacator ou *Dropacista* (ligne 68) est un épileur qui fait tomber les poils avec un onguent (*dropax*) [1].

Quant au legs d'un cordonnier (*sutor*), Scævola nous a conservé un chapitre de testament dans lequel se trouve une clause semblable : « *Hoc amplius eidem alumno meo hominem Caletanum et vernam sutorem, qui eum artificio suo mercede data alere possit* [2].

C'est Borghesi qui a restitué le legs des mules et de la voiture sur ce que Capitolin nous dit à propos du festin de Verus : « *Data et vehicula cum mulibus ac mulionibus, cum juncturis argenteis, ut ita de convivio redirent* [3]. M. Rudorff substitue seulement à *juga*, et à *vehiculis*, proposés par M. Borghesi, *paria* et *carruchis*, qui semblent des expressions plus usuelles, et qui, d'ailleurs, se rencontrent plus fréquemment dans les textes que le Digeste nous a conservés [4].

La restitution généralement adoptée pour la ligne 73 *vasa* AUREA ET ARGENTEA semble difficile à concilier avec le legs de la grande coupe d'or, car sans attacher une valeur sacramentelle à chacun des mots d'un acte aussi arbitraire qu'un testament, il est singulier cependant, après avoir détaché un objet de sa vaisselle d'or et d'argent, de laisser, quelques lignes plus bas, et à la même personne, toute cette vaisselle [5].

---

[1] Martial, III, 74, 10. Glossa Philox. Ρωπαχιστής, colipilarius, alipilarius, depilator.

[2] L. 78, § 12, *ad S. C. Treb.* D. XXXVI, 1.

[3] Capitolin, In *Vero.* c. 5.

[4] L. 38, § 13, 14, *De ædil. ed.* D. XXI, 1. L. 62, *De leg.*, 3. D. XXXII. L. 13, *De auro.* D. XXXIV, 2. Carrucha dormitoria cum mulis, cum semper uxor usa sit. Paul. III, 6, § 91. Carruca cum junctura legata, mulæ quoque legatæ, non mulio videtur, propter quotidianam loquendi consuetudinem.

[5] Sous le nom de *vasa aurea et argentea*, on comprend en effet dans la

La leçon proposée par M. Rudorff, *signa*, est plus vraisemblable et se concilie mieux avec le mot *imagines*. Le testateur laisse à sa tante ses dieux pénates, les images de ses aïeux et les objets d'art qui ornent sa maison. Il les lui laisse, suivant une ingénieuse conjecture, pour décorer les monuments publics qu'il ordonne de construire dans sa patrie et qui doivent porter son nom. De pareilles dispositions sont assez ordinaires dans les testaments romains pour que cette restitution n'ait rien de forcé [1].

Les *sigillaria quæ ubique habeo, in amicos fidelissimos conferas*, sont des statuettes et de petits objets d'art. Les Romains se faisaient souvent de pareils cadeaux [2]. Spartien nous dit d'Adrien que *saturnalitia et sigillaritia frequenter amicis inopinantibus misit, et ipse ab his libenter accepit* [3].

Après le *dispensatorem rationibus* de la ligne 76, on a voulu lire *urbanis præpositum*. Cette restitution reposait sur un v qu'on avait cru lire sur la pierre et qui eût commencé le mot d'*vrbanis*; mais Sarti a constaté que ce v n'existait point, et d'ailleurs l'adjectif *urbanus* n'aurait aucune utilité, puisque c'était dans la ville seule qu'il y avait un *dispensator*; à la campagne, c'était le *villicus* qui tenait les comptes [4].

---

langue usuelle et dans la langue du droit *omnia quæ capacitati alicui parata sunt*. Paul. *Sent.* III, 6, § 86, sup., pag. 301, note 4.

[1] L. 19, § 8. L. 38, § 2, *De auro*, D., XXXIV, 2. L. 6, § 2, *ibid.* Lucius Titius testamento ita scripsit : *Heredem meum volo fideique ejus committo, ut in patriam meam faciat porticum publicam, in qua poni volo imagines argenteas, item marmoreas; quæso an legatum valeat ?* Marcellus respondit valere, et operis celerumque, quæ ibi testator poni voluerit, legatum ad patriam pertinere; intelligi enim potuit, aliquod civitati accedere ornamentum. Sur les *imagines*, Cic., *pro Cluent.*, 20. Pline, XXXV, 2.

[2] Macrob., *Saturn.*, I, 10, 11.

[3] Spartian., *Hadrian.*, c. 16. cf. Tertullian., or. 12 : *Adoratis sigillaribus suis.*

[4] Cujas, Obs. X, 37.

Les surnoms d'Eros, de Menecrates, de Paederos se trouvent sur les inscriptions jointes à des noms d'ingénus aussi bien que d'affranchis, par exemple C. Salius Eros, L. Lusius Menecrates, M. Paederos [1]. Ici ce sont des esclaves dont il est question. Dasumius recommande à Septima Secundina de les conserver dans les mêmes services qu'ils ont remplis près de leur maître, ce qui suppose évidemment que ce sont des esclaves; car si on ne peut de façon absolue louer les *operæ libertorum*, encore bien moins peut-on les léguer par testament [2]. Le mot de *commendo* n'est qu'une simple prière, une recommandation; ce n'est point un legs d'affranchissement par fidéicommis [3].

Encolpius se trouve aussi sur une inscription comme nom d'un affranchi [4]. Ici c'est un esclave, car nous voyons cet Encolpius figurer ligne 85 avec la qualité d'*actor*.

[1] Muratori, 1174, 4. 1044, 1. 1170, 5.

[2] L. 25, *De operis lib.*, D. xxxviii, 1. L. 41, *fam. her.*, D. x, 2.

[3] L. 12, C., *De fid. lib.*, vii, 4. L. 41, § 6. D. eod., xl, 5. Lucius Titius illa testamento cavit : *Medicos tibi commendo illum et illum; in tuo judicio erit, ut habeas bonos libertos et medicos; quod si ego libertatem iis dedissem, veritus sum, quod sorori meæ carissimæ fecerunt medici, servi ejus, manumissi ab ea, qui salario expleto reliquerunt eam;* quæro an fideicommissa libertas supra scriptis competere potest? Respondit, secundum ea quæ proponerentur, non necessitatem heredibus impositam, sed arbitrium permissum.— Paul., *Sent.*, iv, 1, 6. Fideicommittere his verbis possumus : *rogo, peto, volo, mando, deprecor, cupio, injungo. Desidero* quoque et *impero* verba, utile faciunt fideicommissum; *relinquo* vero et *commendo* nullam fideicommissi pariunt actionem.

[4] Muratori, 1335, 5. A CRISPINO ENCOLPIO, CRISPINÆ ENCOLPIÆ, CRISPINA NICE ..RGI ET FILIÆ FECIT.

XI. FIDÉICOMMIS D'ALIMENTS [1].

           Praedium suburba-|

86 *num sestertium* SEXAGIES, QVOD BENEFICIO *imp.*
    Caesaris Traiani Augusti Germanici Dacici |

87 *conseculus sum,* INTRA BIENNIVM, QVAM *mortuus*
    ero, libertis in alimenta dari volo. Fidei ita-|

88 *que heredum* COMMITTO, VTI PRAEDIVM, IN QVO *cor-*
    pus meum sepeliri volo, cum in eo....., amicus|

89 *meus rarissimvs,* RELIQUIAS MEAS CONDIDE-
    rit, exceptis locis religiosis et monimento,|

90 *quo reliquiae* MEAE INLATAE FVERINT, *cvicunque*
    sive testamento anteave libertatem dedi sive|

91 *codicillis ded*ERO, PRAETERQVAM HVMNO *pessime*
    de me merito et ingrato erga patronum suum,|

92 *cum pascuis,* SALTIBVS, SILVIS, INSTRVCTVM MANCI-
    pio dent; ita ne de nomine libertorum exeat neve|

93 *ii vendant,* PIGNORE DENT, CEDANT, CONDONENT,
    eius autem portio, qui ex his decesserit, reliquis|

94 *adcrescat, donec* IN RERVM NATVRA ESSET VNVS *co-*
    rum. Quodsi liberti libertaeque in rerum natu-|

'95 *ra omnes esse des*IERINT, TVNC AD LIBERTORVM *meo-*

---

[1] Jusqu'à M. Rudorff on a vu dans ce chapitre plusieurs dispositions indépendantes les unes des autres; les lignes 84-91 ont pour but, disait-on, l'érection du monument où doit reposer le testateur; les lignes suivantes règlent son entretien et sa conservation, et c'est seulement aux lignes 100-102, suivant Niebuhr, que commence le legs d'aliment. Mais pour justifier la judicieuse restitution de M. Rudorff, il suffit de songer que la somme de six millions de sesterces (treize cent mille francs) pour un tombeau dépasse tellement la dépense ordinaire d'une telle construction (a), qu'il faut de toute nécessité qu'une partie considérable de cette somme ait en une autre destination.

(a) L. 202 de V. S. D. L. 16. Le prix d'un tombeau est de cent aureï. Gruter, 711, 7. Testamento fieri jussit HS CC♾. L. 1. *De leg.* 3, *quadringentos aureos.* L. 10, 12 3, *De cond. et dem.* D. XXXV, 1, *mille aureos.*

ruri filios posterosque, donec esset unus eorum, |
96 idem volo pertinere. QVODSI ESSE DESIERIT, tunc
ad Serviani mei libertos posterosque eorum|
97 pertineat. Cum AVTEM IN TAM MVLTAS PARTES
praedium praefatum distributum iri intelligam, |
98 nec possint OMNES VNIVERSA POSSIDERE, RELI-
quum est, huic quoque difficultati consulere. Ita-|
99 que • Terpnum, ACHILLEN, HELIOPAEDEN CYMBALI-
stam curatores do, et si quis ex his decesserit|
100 tunc alium CVRATOREM SVBSTITVI CVRATORI de-
functo reliquorum suffragio iubeo, et ab his|
101 curatoribus ALIMENTA OMNIA COMPVTARI et re-
ditus distribui libertis volo, qua re effe-|
102 ctum iri existvmo, VT AB VNO OMNIA PERCI-
piant omnes.

Les premiers empereurs avaient accaparé les terres des
environs de Rome sur une si grande échelle, que sous le
règne de Néron, c'est à peine si l'on eût trouvé un *prædium
suburbanum* en la possession d'un particulier. Nerva et Trajan firent vendre tout ce qui leur était inutile, et ce dernier
donna même à ses amis et à ses favoris une grande partie de
ces domaines [1]. On peut supposer que le domaine où Dasumius a placé son tombeau est un don de l'empereur (tel peut
être du moins le sens de *quod beneficio*), et que le *sestertium
sexagies* désigne non point le prix d'achat, mais la valeur
de la propriété. Cette valeur paraîtra très-élevée si on la
compare aux évaluations de la *Tabula alimentaria* de Trajan [2]. Mais il faut faire attention qu'une terre située aux

[1] Pline, *Paneg.*, c. 11. Ipsos illos magni aliquando imperatoris hortos, illud nunquam nisi Cæsaris suburbanum licemur, emimus, implemus.—50. Nec vero emendi tantum civibus tuis copiam præbes, sed amœnissima quæque largiris et donas, ac nihil magis tuum credis, quam quod per amicos habes.

[2] Spangenberg, *Tabulæ negot. solemn.*, n. 307 et suiv.

portes de Rome, *cum pascuis, saltibus, silvis*, était naturellement d'un tout autre prix qu'un domaine de même grandeur situé près de Velleia. En outre, ces *pascua*, etc., peuvent désigner des bois et des prés faisant l'objet d'une propriété particulière (ce que les Agrimensores nomment *proprietates* [1]), tandis que dans l'*obligatio prædiorum*, il n'est souvent question que de *fundi cum jure Apennini*, ou *cum communionibus*, c'est-à-dire d'un simple droit de jouissance ou d'usage dans des communaux.

C'est dans ce domaine que Dasumius prie ses amis (lignes 110–118) de l'ensevelir. C'est là que doit être élevé son tombeau. Tout le surplus du terrain qui ne sera point consacré (*religiosus*) [2] doit servir à l'entretien des affranchis du testateur, quelle que soit l'époque de leur affranchissement, hormis toutefois un certain Hymnus, coupable d'ingratitude envers son patron [3]. Ainsi le domaine a une double destination : *ad sepulturam* pour le testateur, *ad alimenta* pour les affranchis [4]. Ces derniers doivent-ils habiter auprès de la tombe de leur bienfaiteur pour la protéger et pour fê-

[1] Les *silvæ et saltus*, tout en étant l'objet d'une propriété privée, étaient souvent séparés du fonds principal par d'assez longues distances. C'était dans la plaine qu'était la maison des champs, c'était dans la montagne qu'était la forêt. « Nam ubi mons fuit proximus, asper seu sterilis, dit le commentateur de Frontin (Goes., *Script. rei agrar.*, p. 55), super quo fundi constitui nequiverunt, — silvæ tamen dum essent glandiferæ, ne earum fructus perirent, diviso monte particulatim datæ sunt proprietates quædam fundis in locis planis et uberibus constitutis, qui parvis finibus stringebantur.

[2] L. 30, *fam. her.*, D. x, 2. Inst., II, 1, § 7 et 9.

[3] Orelli, 3032. M. ÆMILIVS ARTEMA FECIT... SIBI ET SVIS LIBERTIS LIBERTABVSQVE, POSTERISQVE EORVM. EXCEPTO HERMETE LIBERTO, QVEM VETO PROPTER DELICTA SVA ADITVM, AMBITVM, VEL VLLVM ACCESSVM HABEAT IN HOC MONVMENTO. cf. 3033, 3034. L. 6, § 1, *De agnosc.*, D. XXV, 3, L. 6, *De relig.*, D. XI, 7.

[4] L. 8, § 1, *De transact.*, D. II, 15, *sive de prædiis alimentum legabi-*

ter une mémoire qui doit leur rester toujours chère¹? C'est ce que le testateur ne dit pas.

Venons maintenant à la fondation, dont la forme ne nous est pas suffisamment indiquée par les fragments qui nous restent.

Les deux formes les plus usuelles pour réaliser une pareille institution sont un gage ou une transmission de propriété.

Un gage a pour but de garantir au légataire sa créance alimentaire en lui remettant conditionnellement entre les mains soit la propriété du fonds, comme dans la fiducie, soit la possession, comme dans le gage proprement dit (*pignus*). Le chiffre d'une fondation faite dans cette forme est invariable; que le fonds obligé accroisse ou diminue, cela ne regarde que les propriétaires du sol; le capital et le revenu ne doivent point changer pour les légataires, comme l'explique nettement le jurisconsulte Paul². Il en

tur. § 15, fundus ad alimenta relictus. L. 7, § 2, *De usuf.* D. VII, 1, *alimenta ab ea re relicta.*

¹ Petron., c. 71. Ceterum erit mihi curæ, ut testamento caveam, ne mortuus injuriam accipiam; præponam enim unum ex libertis sepulcro meo, custodiæ causa. L. 18, § 5, *De alim.*, D. XXXIV, 1. Cibaria et vestiaria per fideicommissum (testator) dederat, et ita adjecerat : *quos libertos meos, ubi corpus meum positum fuerit, ibi eos morari jubeo, ut per absentiam filiarum mearum ad sarcophagum meum memoriam meam quotannis celebrent;* quæsitum est, uni ex libertis qui a die mortis neque ad heredes accesserit, neque ad sepulcrum morari voluerit, an alimenta præstanda sint? Respondit: non præstanda.

² L. 12, *De alim. leg.*, D. XXXIV, 1. Lucius Titius libertis suis cibaria et vestiaria annua certorum nummorum reliquit, et posteriore parte testamenti ita cavit : *obligatos iis ob causam fideicommissi fundos meos, illum et illum, ut ex reditu eorum alimenta supra scripta percipiant;* quæsitum est, an si quanto minores reditus pervenerint, quam est quantitas cibariorum et vestiariorum, heredes ad supplendam eam onerari non debeant, vel si alio anno excesserint, an supplendum sit, quod superiore anno minus per-

est tout autrement quand il y a transfert de propriété; car, en ce cas, toutes les chances bonnes et mauvaises sont pour le légataire, puisqu'il est en même temps propriétaire [1], ou si l'on veut, usufruitier.

La transmission de propriété peut se faire de diverses manières: directement, en léguant *per præceptionem* ou *per vindicationem;* médiatement, en léguant *per damnationem,* ou au moyen d'un fidéicommis [2]. On peut faire ce legs individuel ou commun, comme aussi on peut frapper l'objet légué d'inaliénabilité.

La forme la plus ordinaire d'une pareille libéralité, c'est de donner tous les fruits au corps des affranchis, par conséquent sans que l'héritier ait rien à prétendre sur ce qui peut rester après le prélèvement des sommes destinées aux aliments. En pareil cas, la part de ceux qui meurent avant le testateur accroît aux survivants, et la part de ces derniers passe à leurs descendants, tant que le nom se perpétue [3],

ceperint? Paulus respondit : cibaria et vestiaria libertis defuncti integra deberi, neque ex eo, quod postea prædia his pignoris jure testator obligare voluit, ut ex reditu eorum alimenta perciperent, minuisse eum, vel auxisse ea quæ reliquerat, videri.

[1] C'est ce que décide Modestinus pour une fondation faite en la forme d'une transmission de propriété : Videntur mihi ipsa prædia esse libertis relicta, ut pleno dominio hæc habeant, et non per solum usumfructum; et ideo si quid superfluum in reditibus quam in cibariis erit, hoc ad libertos pertineat. Sed etsi decesserit fideicommissarius ante diem fideicommissi cedentem, pars ejus ad ceteros fideicommissarios pertinet; post diem autem cedentem si qui mortui sunt, ad suos heredes hæc transmittent. L. 4, pr. *De alim. leg.* D. xxxiv, 1.

[2] Sur le caractère et les effets de ces différentes formes de legs, voy. Gaius, II, 193-200.

[3] Le monument le plus curieux qui nous reste d'une fondation de cette espèce est la donation de Syntrophus que Huschke a publiée et expliquée il y a quelques années. *T. Flavii Syntrophi instrumentum donationis ineditum, ed. et illustr. Ph. E. Huschke.* Breslau, 1838, in-4°. En voici un

mais toute aliénation de part est défendue sous peine d'une amende[1] ou de la perte du legs[2].

On pourrait se demander si Dasumius n'aurait point fait sa fondation dans la forme de la fiducie, et si au lieu de la restitution proposée plus haut, il ne faudrait pas lire : *prædium cum sal*TIBUS, SILVIS, INSTRUCTUM MANCI*piiset pecoribus, et omni instrumento rustico et urbano, pi*GNORE[3], DENT, CEDANT, CONDONENT, *ita ut ejus portio qui ex his decesserit,* etc.; cette restitution aurait pour elle l'énonciation de parts (TAM MULTAS PARTES), énonciation qui permettrait de croire que le legs était d'un chiffre déterminé, et que par conséquent l'excédant devait appartenir aux héritiers; mais, en ce cas, pourquoi donner à chaque affranchi une sûreté aussi considéra-

---

autre exemple pris du Digeste, L. 3*t*. pr. *De usu leg.*, D. XXXIII, 2. Codicillis fideicommissa in hæc verba dedit : *Libertis libertabusque meis, et quos in codicillis manumisi, fundum, ubi me humari volui, dari volo, ut qui ab his decesserit, portio ejus reliquis adcrescat, ita ut ad novissimum pertineat, post cujus novissimi decessum ad rempublicam Arelatensium pertinere volo;* quæsitum est, reipublicæ fideicommissum utrum ab herede, an a libertis datum sit. Respondit secundum ea quæ proponerentur, posse ita verba accipi, ut ejus legatarii, qui novissimus decederet, fideicommissum videatur. L. 18, pr. *De ann. leg.*, D. XXXIII, 1. L. 108, *De cond. et dem.*, D. XXXV, 1.

[1] Orelli, 4430.

[2] L. 38, § 4, *De leg.*, 3. D. XXX, 11. Julius Agrippa primipilaris testamento suo cavit, ne ullo modo reliquias ejus et prædium suburbanum aut domum majorem heres ejus pignoraret, aut ullo modo alienaret... § 5. Quindecim libertis, quos nominaverat prædiolum cum taberna legaverat, et adjecerat hæc verba : *Sibique eos habere possidere volo ea lege et conditione, ne quis eorum partem suam vendere donareve, aliudve quid facere alii velit. Quod si adversus ea quid factum erit, tunc eas portiones prædiumve cum taberna ad rempublicam Tusculanorum pervenire volo.* L. 93, eod. Gaius, II, 288.

[3] Sur l'ancien datif *pignore*, Varro, *De ling. lat.*, V, 40 (ed. Muller) : Prædia dicta... quo ea *pignore* data publice mancupis fidem præstent. Lachmann, dans le *Rhein. mus. fur philologie*, II, 3, p. 364.

ble qu'un bien de six millions de sesterces pour une part aussi mince qu'un legs d'aliments? comment concilier l'énormité du gage et la faiblesse de la créance? Il semble donc préférable d'admettre que Dasumius a voulu laisser à ses esclaves la propriété du fonds. S'il a choisi pour cette libéralité la forme d'un fidéicommis, c'est que jusqu'au règne d'Adrien c'était le seul moyen de donner à une *persona incerta*, telle qu'est certainement une *familia*[1]. C'était la mancipation (MANCIPIO DENT), qui transférait aux affranchis la propriété, et c'est probablement dans la *lex mancipii* qu'était insérée la condition d'inaliénabilité, condition assurée par des stipulations[2].

Le fidéicommis ne passe à la seconde génération qu'après l'extinction totale de la première (*donec* IN RERUM NATURA ESSET[3] *vnus corum*). Au cas où toute la *familia nominis* viendrait à ne plus exister, le fidéicommis passera aux affranchis de Servianus (lig. 105-110).

Une difficulté toute particulière aux legs d'aliments laissés à une *familia* ou à une corporation, c'est le partage à effectuer entre ces myriades de donataires que peut amener la

[1] Gaius, II, 287... Olim incertæ personæ, vel postumo alieno per fideicommissum relinqui poterat, quamvis neque heres institui, neque legari ei possit. Sed senatus-consulto quod auctore divo Hadriano factum est, idem in fideicommissis, quod in legatis hereditatibusque constitutum est.

[2] Huschke, *Syntrophus*, p. 17-20, Gruter, 638, 4. 672, 1, 5. 765, 5. 801, 5. Spangenberg, p. 387, 398, 391.

[3] Cet *esset* n'est pas un archaïsme, comme on pourrait le croire, et la valeur de cet imparfait du subjonctif mis au lieu du futur est fort bien indiquée dans le passage suivant du Digeste : L. 1, *unde leg.*, D. XXXVIII, 7 : Hæc verba edicti : TUM QUEM EI HEREDEM ESSE OPORTERET, SI INTESTATUS MORTUUS ESSET, παρατατικῶς *(large et cum extensione)* et cum quodam temporis spatio accipiuntur, non ad mortis testatoris tempus referuntur, sed ad id, quo bonorum possessio peteretur ; et ideo legitimum heredem, si capite deminutus esset, ab hac bonorum possessione summoveri palam est. Cf. L. 2, § 4, *quib. ex caus.* D. XLII, 4.

succession de plusieurs générations. On peut prévoir un état
de choses dans lequel non-seulement toute division de parts
soit impossible, à cause de la multiplicité des ayants droit,
mais encore dans lequel l'habitation et la jouissance en
commun ne soient même plus praticables, et c'est ce que
semble prévoir Dasumius dans la phrase *nec possint* OMNES
UNIVERSA POSSIDERE.

Quand une pareille difficulté se présentait dans un legs d'a-
liments, les consuls, juges ordinaires de ces questions, par-
tageaient les ayants droit entre les différents héritiers chargés d'acquitter la pension, de façon à simplifier par une
division une opération aussi délicate[1]. Dans les fondations
alimentaires, certains donateurs, pour éviter tout inconvé-
nient, déclaraient le fonds indivisible, et n'admettaient les
légataires qu'au partage des revenus, partage toujours
possible. C'est ainsi qu'agissent Syntrophus, dans sa donation, et Vettius Hermes, dans une inscription remarquable
qu'on lit dans Orelli (n° 4417). Dasumius, sans agir avec la
même rigueur, prend un biais fort sage en nommant trois
curateurs chargés solidairement de la répartition ; chacun de
ces curateurs peut être actionné pour le tout par les ayants
droit : VT AB VNO OMNIA PERCIP*iant omnes;* si l'un des trois
vient à mourir, les deux autres lui nommeront un rempla-
çant. Des dispositions de même nature se rencontrent
dans un testament trouvé à Nîmes : *Si quis ex iis qui supra
scripti sunt, cum moriar hon vivet, sive post mortem meam*

---

[1] L. 3, *De alim.*, D. XXXIV, 1. Divus Pius Rubrio cuidam Telesphoro rescripsit : *Consules, vocatis his a quibus vobis alimenta deberi ex causa fideicommissi constiterit, vel omnes ab uno, vel facta pro rata distributione
quis, et a quibus percipiatis, decernent; fiscus enim, si eo nomine quid
ab eo vobis deberetur, exemplum sequetur. Jam nunc sciatis, partes eorum qui solvendo esse desierint, non pertinere ad onus reliquorum her e-
dum.* L. 4, *fam. her.*, D. X, 2. L. 24, *De iure patron.*, D. XXXVII, 14.

*morietur, tum, qui reliqui erunt, in eorum locum, qui mortui
erunt, alios per suffragia substituant, quos dignissimos puta-
verint, dum non minus in perpetuum triginta sint — ejusque
mausolei claves duæ penes aliquem libertorum meorum et curatorem cujusque anni sint*[1].* On avait un modèle de ces ré-
partiteurs dans les *curatores* ou *divisores,* qui distribuaient
le grain au peuple, alors que la *plebs urbana* n'était plus
qu'une nation de mendiants, et que le mot *tribus* était de-
venu synonyme de *tessera.*

XII. SÉPULTURE.

       Hoc amplius heredes meos rogo fidei-|
103 *que omnium* hereDVM MEORVM COMMITTO, *maxime*
   vero a tua, Serviane, domine, erga me benevolen-|
104 *lia peto, ne pa*ſiARIS POST ME QVEMQVAM ILL*orum,*
   quos sive testamento sive codicillis manumit·|
105 *tes, aut etiam* ret*ERVM* LIBERTORVM TVORVM PONi
   in monumento meo, aut quemquam ex meis libertis|
106 *praeter Encolpy(m)* ET ARMASTVM ET ANATE*llonta.*
   Aditum autem ambitum et accessum in monumento|
107 *volo habere* OMNES, QVOS SIVE ANTE TESTAMEN-
   tum sive testamento manumisi, praeterquam te,|
108 *Hymne, qui, quamvis* PLVRIMVM TIBI PRAESTITISSE
   me agnoveris, adeo tamen ingratus extitisti, ut|
109 *propter ea,* QVAE A TE PASSVS SIM AVT TIMVER*im,*
   etiam a tumulo meo removendum te statuerim.|
110 *Reliquias meas* URSI SERVIANI DOMINI MEI ET
   .... *amici carissimi curae commendo,|*
111 *capulum autem* FERRI VOLO PER SERVIANI MEI LI-
   bertos. Per eumdem amicum intra biennium post-|
112 *quam de*ſVNCTVS ERO CONSVMMARI INC*hoatum iubeo*

----

[1] Gruter, 496, 7. Orelli, 4366. Spangenberg, p. 63.

> *monumentum sumptuumque* in eam rem facto-|
> 113 *rum rationem cum* REDDERE VOLO SERVIANO MEO *et,*
> *quo notior sit voluntas mea, lapidi incidi testa-*|
> 114 *menti exemplum* ET PONI AD LATVS MONIMEN*ti*
> *mei.*

Les dispositions faites dans le chapitre précédent en faveur des affranchis de Servianus serviront à expliquer les mesures que Dasumius prend pour sa sépulture. Il demande qu'on ne mette' dans son tombeau aucun des affranchis de Servianus; c'est à quelques-uns des siens seulement qu'il accorde cet honneur. Dans une inscription tumulaire trouvée à Rome, Q. Remmius Januarius fait une disposition de même espèce : TE ROGO, FILI KARISSIME NE QVIS VELIT AMPLIVS POST ME IN HOC TVMVLO ALIVM INFERRE ET VOS LIB (*erti*) LIB (*ertæque*) IVBEO PRÆST (*are?*)[2]. Mais tous les affranchis de Dasumius, tous les Dasumii, obtiennent l'accès de la sépulture, à l'exception d'Hymnus, qui s'est oublié à l'endroit de son patron, et qui, en punition de son ingratitude, est exclu du legs d'aliments et de l'entrée du tombeau.

Dans nos mœurs modernes, on pourrait trouver exagéré ce châtiment de l'ingratitude, étendu ainsi au delà de la mort, et rejeter la restitution *a tumulo meo removendum statuerim;* mais il y a dans l'antiquité plus d'un exemple de semblables dispositions[3], et le reproche *de me nihil merito,* analogue au PESSIMÈ *de me merito* de notre monument, se

---

[1] *Poni* est l'expression consacrée en pareil cas. Orelli, 4370, 4550.

[2] Orelli, 4362.

[3] Orelli, 3032 (sup., pag. 319, note 3), 1175, 4434-36. D(*is*) M(*anibus*) | P. ÆLIUS AUG. LIB. MELITINUS | INVITATOR FECIT SIBI ET AELIÆ | SEVERÆ VXORI KARISSIMAE | LIB. LIBERTAB. Q. MEIS. POSTERIS | QVE EORUM EXCEPTO EVTY | CHE LIB. MEO. CVIVS NEQVE COR | PVS NEQVE OSSA IN HOC MONVMENTO | INFERRI VOLO.

trouve également dans nos sources juridiques[1]. Auguste, dans le testament rapporté par Suétone, défend d'ensevelir dans son tombeau sa fille et sa petite-fille. La violation d'une pareille défense avait pour conséquence l'*actio sepulcri violati*, suivant un rescrit de Caracalla[2].

C'est à Servianus et à une autre personne (sans doute l'*amicus rarissimus* dont le nom est perdu) que Dasumius confie le soin de sa sépulture. Sa prière ressemble à celle du testateur dont Scævola nous a conservé les dernières dispositions dans la loi 88, § 1, *de Leg.* 2, D. XXXI : *A te peto Titi, fideique tuæ committo uti curam condendi corporis mei suscipias, et pro hoc tot aureos e medio percipito*[3]. Sénèque, concitoyen de Dasumius, dans son désir de se distinguer de ses contemporains, affecte une ambitieuse modestie à l'endroit de ses funérailles : *Neminem de supremo officio rogo, nulli reliquias meas commendo*[4].

Le délai dans lequel le monument devait être élevé était sans doute le même que celui après lequel les affranchis devaient être mis en possession du fonds, c'est-à-dire deux ans (sup., ligne 87); c'est ce qui justifie la restitution *intra biennium quam defunctus ero*. La dépense du tombeau est laissée à l'appréciation de l'*amicus rarissimus*, disposition qui se rencontre dans plusieurs anciens monuments[5].

---

[1] L. 37, § 2, *De leg.*, 3.

[2] L. 3, § 3, *De sepulc. violat.*, D. XLVII, 12.

[3] Cf. Petron., c. 71. Quid dicis, inquit (Trimalchio), amice carissime? ædificas monumentum meum quemadmodum te jussi.

[4] Seneca, Ep., 93. Cf. *De brevitate vitæ*, c. 20. Quidam vero disponunt etiam illa, quæ ultra vitam sunt, moles magnas sepulcrorum, et operum publicorum dedicationes, et ad rogum munera et ambitiosas exequias.

[5] Orelli, 4353, 4374, L. APISIVS C. F. SCAPTIA CAPITOLINVS. | EX TESTAMENTO FIERI IVSSIT MONVMEN. | ARBITRATV HEREDVM MEORVM SIBI ET SVIS.

Dasumius ordonne en outre qu'on grave son testament sur une des faces du monument[1]. C'est sans doute cette copie même que nous possédons aujourd'hui, et la *Vigna Sante-Amendola*, ou le territoire qui l'environne, est probablement le fonds même légué par notre Espagnol à ses fidèles affranchis. On peut objecter que la *Vigna Sante-Amendola* est un ancien cimetière romain, tandis que le legs de Dasumius est une maison des champs; mais on peut aisément résoudre cette difficulté en supposant que ces sépultures sont précisé-ment celles de la *familia libertorum* que Dasumius établit dans cette grande possession.

XIII. DROIT DE MUTATION. *Vicesima.*

> *Hoc amplius quisquis mihi heres heredesve|*
> 115 *erit eruntve* EVM EOSQVE ROGO FIDEIQVE EIVS *eo-*
> *rumque committo, ut quaecunque hoc testamento|*
> 116 *cuiquam dedi* LEGAVI, EA VICENSIMIS OMNIBVS
> *modis liberent, ita ut eas aut solvant iudiciave|*
> 117 *suscipiant eo* NOMINE, AVT VICENSIMAE *nomine*
> *cum publicano, qui id vectigal conductum habe-|*
> 118 *bit, aut* PASCISCANTVR, AVT DECIDANT, AVT IN *ar-*
> *bitrum compromittant.*

Le droit de 5 pour 100 sur les successions fut établi par la loi Voconia de l'an 585. Cet impôt ne frappait que les successions et les legs faits par des citoyens inscrits dans la première classe du cens[2] à des étrangers ou à des parents

---

[1] Dans un testament de l'an 386 de notre ère on lègue à la ville de Préneste la *Kasa Fulgeritta, ita tamen,* ajoute le donateur, *ut statuam nomine meo in foro (ponant), et hoc ipsum capitulum testamenti adscribant ibi* (Orelli, 3678, v. 4359, 4360). Grâce à cette disposition, ce chapitre a échappé aux ravages du temps, tandis que le reste du testament a été perdu.

[2] La première classe comprenait les citoyens possesseurs de cent mille as;

éloignés, c'est-à-dire hors du degré de consanguinité. César, qui trouva cet impôt à peu près aboli, voulut le rétablir. Ofilius, qui dut avoir une grande part à cette tentative à cause de sa liaison avec César, écrivit un traité *De legibus vicesimæ*[1]. Ces lois ne peuvent être que la loi Voconia et la loi vicésimaire de Jules César. Pendant le triumvirat, en l'an de Rome 714, on fit paraître un édit qui faisait contribuer les héritiers testamentaires et les légataires aux frais de la guerre contre Sextus Pompée[2]. Ce fut à ce moment que le tribun Falcidius introduisit une réserve légale au profit de l'héritier institué, pour empêcher des renonciations fréquentes à des successions testamentaires absorbées par les legs, renonciations qui entraînaient la nullité du testament et par suite la perte de l'impôt.

Auguste réalisa pendant son empire le projet de son père adoptif. Il rétablit le payement du vingtième par la loi *Julia vicesimaria* de l'an 759[3]. Ce ne fut plus l'inscription du testateur dans la première classe du cens qui soumit la succession à l'impôt, ce fut la possession de cent mille sesterces au moins. Le testament du *centenario minor* ne donna ouverture à aucun droit de mutation. Si la quotité de la succession était contestée, il y avait lieu à un procès préparatoire, ou, suivant l'expression romaine, à un *præjudicium, quo quæritur an ea res de qua agitur, major sit centum sestertiis*[4]. Le contribuable devait donner caution au trésor mi-

on les nommait *classici*; et, par opposition, les autres citoyens étaient dits *infra classem*.

[1] L. 2, § 44, *De orig. jur.*, D. I, 2.

[2] Cet édit, au rapport d'Appien, v, 67, ordonnait τρίτην ...μοῖραν τοὺς ἐκ διαθήκης τι καρπουμένους.

[3] Dio Cass., IV, 25; LXXVII, 19.

[4] Paul., *Recept. sent.*, V, 9, 1.

litaire, caution qui était sans doute de la valeur du droit prétendu par le fisc.

Du reste, cette loi Julia se rattachait par ses exemptions à la loi Voconia et sans doute aussi à celle de Jules César. Les proches parents étaient exempts de tout droit, et l'État n'avait rien à prétendre sur la succession du pauvre. Cette législation pouvait empêcher l'impôt de rendre autant que l'eût rêvé l'avidité du fisc[2]; mais elle était, il faut le reconnaître, infiniment plus humaine et plus équitable que notre législation moderne, qui dispute au pauvre son pain, et qui force la veuve et l'orphelin à pleurer deux fois le soutien qu'ils ont perdu.

La loi Julia, avons-nous dit, n'atteignait point les proches parents (*sui, consanguinei, decem personæ*[3]); mais cette parenté civile, qui donnait l'exemption, était un privilége des citoyens romains. Les Latins, les *peregrini* ne jouissaient point de cette faveur. Lorsqu'ils obtenaient le droit de cité romaine[4], ils se trouvaient donc sans parenté civile, à moins que l'empereur ne leur fît une concession spéciale du *jus cognationis*. Ainsi, quand on conférait le droit de cité à un soldat par la forme ordinaire des *missiones honestæ* : « *Ipsis, liberis, posterisque eorum civitatem dedit, et connubium cum uxoribus, quas tunc habuissent, cum est civitas iis data, aut si qui cœlibes essent, cum iis, quas postea duxissent, duntaxat singuli singulas*[5] », les enfants que ce soldat avait eus

---

[1] La loi Cornelia, qui avait introduit un maximum pour les cautions, n'était point applicable à la loi Julia. Gaius, III, 125.

[2] Pline, *Paneg.*, 42.

[3] Ces dix personnes sont : le père, la mère, le fils, la fille, l'aïeul, l'aïeule, le petit-fils, la petite-fille, le frère et la sœur. *Collat. legum mosaic. et rom.*, tit. XVI, cap. 9.

[4] Sur les différentes manières d'obtenir le titre de citoyen romain, voy. Gaius, I, 98.

[5] Spangenberg, *Tabulæ negot. solem.*, nº XLIX.

avant son admission au droit de cité n'étaient point soumis
à la puissance paternelle, alors même qu'ils obtenaient la
même faveur que leur père; il fallait une concession spéciale du prince pour que le père eût cette puissance, privilége des seuls citoyens romains[1].

Ces concessions de puissance paternelle et de parenté
étaient pour le fisc impérial une source de revenus; c'était
en même temps pour l'empereur un moyen de grâce ou de
rigueur. Les bons princes répudièrent à la fois et cet arbitraire et ce moyen peu noble de tirer de l'argent. Nerva
accorda une fois pour toutes le droit de cognation à la mère
et aux enfants. Le fisc n'eut plus rien à réclamer sur de pareilles successions. Entre le père et les enfants, le droit ancien continua de subsister dans sa primitive rigueur : il fallut toujours que le prince conférât le droit de puissance
paternelle, sinon le fisc pouvait opposer au fils, réclamant
l'héritage de son père, l'exception *Si modo redactus fuisset
filius in patris potestatem.* Trajan abolit cette exception, et
par un nouveau bienfait étendit l'exemption d'impôt jusqu'au second degré de parenté; si bien que pour les nouveaux citoyens qui obtenaient le droit de bourgeoisie, *beneficio principis*, comme pour les citoyens romains de nais-

---

[1] Gaius, I, 56, 57, 93. Si peregrinus (*cum filiis suis civitate romana donatus fuerit*) non aliter filii in potestate ejus fiunt quam si imperator eos
in potestatem redegerit. Quod ita demum is facit si causa cognita æstima-
verit hoc filiis expedire : diligentius atque exactius vero causam cognoscit
de impuberibus absentibusque, et hæc ita edicto divi Hadriani significantur.
94. Item si quis cum uxore prægnante, civitate romana donatus sit, quamvis is qui nascitur... (*civis*) romanus sit, tamen in potestate patris non fit,
idque subscriptione divi Hadriani significatur. Qua de causa qui intelligit
uxorem suam esse prægnantem, dum civitatem sibi et uxori ab imperatore
petit, simul ab eodem petere debet, ut eum qui natus erit, in potestate sua
habeat. Ibid., III, 20. Puchta, *Institutionen*, I, p. 232, not. 2.

sance, il y eut une suite de dix personnes affranchies de la *vicesima*[1].

Les successeurs de Trajan essayèrent de revenir sur ces généreuses dispositions. Adrien rendit à ce sujet un édit célèbre qui ne fut abrogé que par Justinien[2]. Il fallut une seconde fois, aux nouveaux citoyens, un privilége du prince pour obtenir la *redactio in potestatem* de leurs enfants, et cette concession fut précédée d'une information sur la convenance et l'utilité de la mesure[3]. Caracalla, qui, pour enrichir ses finances, porta le droit du vingtième au dixième, donna le droit de cité à tous les *Latini* et les *peregrini* de l'empire, pour épuiser d'un seul coup toutes les ressources de l'impôt; mais il se réserva la concession du *jus cognationis* et du *jus patriæ potestatis*. Ainsi celles des *decem personæ* auxquelles il n'avait point accordé cette faveur durent payer la *vicesima* et ne furent point admises à la *bonorum possessio intestati* de leurs proches[4]. Macrin rétablit l'ancienne exemption[5].

La seconde disposition de la loi Julia, qui affranchissait les successions pauvres de tout droit de mutation, ne fut pas respectée par la rapacité des premiers Césars. Trajan

---

[1] Pline, *Paneg.*, 37-39. Ep., X, 6.

[2] L. 3, C. *De edicto divi Hadriani tollendo*, VI, 33; cet édit est évidemment celui même dont parle Gaius, I, 55. *Edicto quod proposuit* (Hadrianus) *de his qui sibi, liberisque suis ab eo civitatem romanam petebant*.

[3] Gaius, I, 93, sup., pag. 331, not. 1. Sur les autres dispositions de l'édit d'Adrien, concernant l'envoi en possession de l'héritier, voy. Gaius, II, 57. Paul, III, 5, § 16. L. 7, pr. *De app. non recip.*, D. XLIX, 5. L. 26, C. Th. *quorum app. non recip.*

[4] *Collat. leg. mos.* Tit. XVI, cap. IX, § 3. Sed imperator noster in hereditatibus quæ ab intestato deferuntur, eas solas personas voluit admitti, quibus decimæ immunitatem ipse præbuit.

[5] Dio Cass., LXXXII, 9. LXXVIII, 12.

rétablit, en leur donnant effet rétroactif, les exemptions de la loi Voconia pour les citoyens *infra classem*, et de la loi Julia pour les *centenariis minores*[1], généreuse politique qui malheureusement fut peu suivie par ses successeurs[2]. Bien plus, et par une équité qu'on ne saurait trop louer, et dont notre siècle ne devrait pas laisser la gloire à l'antiquité païenne, il voulut que, même dans les successions riches, on défalquât de la valeur imposable les frais de sépulture et de monument, hormis le cas où ces dépenses seraient excessives; encore cette exception est-elle d'Adrien[3]. Toutefois il n'est pas rare de voir le testateur défendre à ses héritiers de faire cette déduction[4], ou les héritiers renoncer volontairement à cette libéralité de la loi[5].

A l'époque où Dasumius fit son testament, le fisc ne percevait point directement les droits de mutation, au moins à Rome[6]; cet impôt était affermé à une société de publicains

---

[1] Plin., *Paneg.*, c. 40. Statuit communis omnium parens summam quæ publicanum pati possit, carebit onere vicesimæ parva et exilis hereditas, et si ita gratus heres volet, tota sepulcro, tota funeri servetur, nemo observator, nemo castigator adsistet.

[2] L. 23, C. *De testam.*, VI, 23, § 3, *Inst.*, *De success.*, III, 7.

[3] L. 37, *De religios.* D. XI, 7, Ce passage est tiré d'un commentaire de Macer, lib. 1, *ad leg.* XX *hereditatum.* L. 45, *ibid.*

[4] Gruter, 1, 5. P. NUMERIUS MARTIALIS | ASTIGITAN. SEVIRALIS SIGNUM PANTEI TESTAMENTO FIERI | PONIQUE EX ARGENTI LIBRIS | C. SINE VLLA DEDVCTIONE | JUSSIT. (Astigi, aujourd'hui Ecija.)

[5] Gruter, 101, 2. D. CAECIL., HOSPITAL. ET CÆ | CILIA D. F. MATERNA ET CÆ | CILIA PHILETE HEREDES SINE | VLLA DEDUCTIONE XX P. (Astigi.)— Muratori, 69, 4. Orelli, 3040). L. AEMILIUS M. F. NEPOS. — — —HOC OPVS TESTAMENTO FIERI JVSSIT EPVLO ADDITO. | L. AEMILIVS ENEX HERES SINE DEDVCTIONE XX | VEL TRIBVTORUM EX CCL. LIBRIS ARGENTI FECIT (Carthagenæ).

[6] Dans les provinces c'était le fisc qui percevait directement l'impôt du vingtième par ses agents, *procuratores, subprocuratores, dispensatores, exactores.* (Orelli, 798, 2921, 3332. Fabretti, 37 183. Gruter, 591, 1. Les bu-

par le *procurator ad vicesimam*[1]. Pour éviter les difficultés avec ces fermiers d'impôt, on essayait d'entrer avec eux en accommodement. Cicéron parle de ces accords (*pactiones*) conclus avec les publicains, comme d'un usage général pour les *vectigalia* des provinces[2]; notre monument nous apprend qu'on faisait des arrangements à peu près pareils pour la *vicesima*. Le testateur qui met à la charge de ses héritiers le payement de la *vicesima legatorum*, droit qui autrement eût été supporté par les légataires, exige que ses héritiers emploient tous les moyens possibles, accord amiable, transaction, compromis, pour que les publicains ne puissent inquiéter ceux auxquels il a fait des libéralités, *omnibus modis liberent*[3].

Une transaction était d'autant plus nécessaire, que pour évaluer le droit à percevoir sur un legs viager, tel qu'un legs d'aliments, il fallait se livrer à un calcul de probabilités assez délicat. Macer, dans son commentaire sur la loi qui nous occupe, nous a laissé un calcul semblable, fait par Ulpien,

reaux de perception sont aussi mentionnés sous le nom de *stationes vicesimæ hereditatium*). La plupart de ces *procuratores* étaient des affranchis de l'empereur. Ces agents ne pouvaient transiger sans l'agrément de l'empereur : *nulli procuratorum principis inconsulto principe transigere licet*, dit Æmilius Macer dans son commentaire sur la loi *vicesima hereditatum*. (L. 13, *de Transact.* D. 11, 15.)

[1] Plin., *Paneg.*, 40. Sup., pag. 333, not. 1. On trouve dans les inscriptions (Orelli, 3331), un *promagister* et un *præsignator vicesimæ hereditatium*; et Gaius (III, 125) nous parle des *satisdationes quæ ex lege vicesima hereditatium, proponuntur*; toutes choses qui indiquent manifestement une société avec des *magistri*, des *mancipes*, et des *prædes*.

[2] Cic., *ad fam.*, XIII, 65; *ad Att.* V, 10.

[3] *L'omnibus modis liberent*, restitution due à M. Rudorff, est bien préférable à la *vicensimis omnibus liberent* des premiers éditeurs; car cette dernière leçon n'offre point un sens plausible; on ne peut entendre par là que les *vicesimæ legatorum et libertatis*, et la *vicesima libertatis* a déjà été l'objet d'une disposition spéciale dans le chap. VIII du testament.

sans doute pour déterminer le droit à payer au fisc, mais
que Tribonien et ses acolytes ont interpolé pour en faire
application à la falcidie [1].

XIV. DERNIÈRES CLAUSES.

                          Novissime, si quid co-|
119 *dicillis alioVE* QVO GENERE SCRIPTVM *signatum-*
       que reliquero, valere volo, quasi testamento|
120 *scriptum* SIGNATVMQVE RELIQVISSEM. LITVRAE,
       inductiones, superinductiones, quae in eo|
121 *inveniuntur,* IAM TESTAMENTI FACIVNDI ET *signan-*
       di tempore factae sunt. Testamentum scriben-|
122 *dum curavi per* VENTIDIVM CAMPANVM, TESTA-
       mentarium, iuris studiosum, ...|
123 .... *Romae Aelio HadriANO* TREBATIO PRI-
       SCO COSS.

Des legs ou des affranchissements laissés en dehors du
testament, n'ont de valeur que comme fidéicommis, à

[1] L. 68, *ad leg. Falcid.* D. XXXV, 2. Æmilius Macer, lib. II, *ad leg. vicesimam hereditatum :* Computationi in alimentis faciendae hanc formam
esse Ulpianus scribit, ut a prima aetate usque ad annum vicesimum quantitas alimentorum triginta annorum computetur, ejusque quantitatis *Fal-
cidia* (Vicensima?) praestetur; ab annis vero 20; usque ad annum 25, annorum 28; ab annis 25, usque ad annos 30, annorum 35; ab annis 30 usque
ad annos 35, annorum 22; ab annis 35 usque ad annos 40, annorum 20;
ab annis 40 usque ad annos 50; tot annorum computatio fit, quot aetati
ejus ad annum 60 deerit, remisso uno anno; ab anno vero 50 usque ad
annum 55, annorum novem; ab annis 55 usque ad annum 60, annorum sep-
tem; ab annis 60 cujuscumque aetatis sit, annorum quinque; eoque nos
jure uti Ulpianus ait, et circa computationem ususfructus faciendam. So-
litum est tamen a prima aetate usque ad annum 30 computationem annorum 30 fieri; ab annis vero 30 tot annorum computationem initi quot ad
annum 60 deesse videntur; nunquam ergo amplius quam triginta annorum
computatio initur. Sic denique et si reipublicae ususfructus legetur, sive
simpliciter, sive ad ludos, triginta annorum computatio fit.

moins que le testateur n'ait confirmé ces dispositions dans son testament. Cette confirmation se faisait souvent par avance, pour l'avenir, et rien de moins rare dans les testaments anciens que les formules : *Si quos codicillos reliquero, valere volo.* — *Quod in codicillis scriptum erit, valere volo.* — *Si quid tabulis, aliove quo genere ad hoc testamentum pertinens reliquero, id valere volo*[1]. Quelquefois le testateur met une condition à la validité de ses codicilles ; *ut non alios valere velit, quam suâ manu signatos et subscriptos*[2]. Dasumius se réserve la faculté de disposer pour l'avenir, *codicillis aliove quo genere*, une simple lettre, par exemple; mais il met à la validité de l'acte la condition qu'il sera écrit et scellé de sa main, *scriptum signatumque.*

Il était d'usage chez les anciens comme chez les modernes d'indiquer les ratures (*lituræ*) du testament, pour qu'on ne fût pas exposé à prendre pour la radiation d'une disposition une rature involontaire[3]. Cette indication se mettait au pied du testament, et existait sans doute sur l'acte original; il est aisé de comprendre pourquoi l'artiste qui a transporté le testament sur la pierre n'a point suivi cette disposition.

La rédaction d'un testament n'est point un acte solennel, et peut être confiée même à l'esclave d'autrui : *Servus, licet alienus, jussu testatoris testamentum scribere non prohibetur*[4]; mais rien n'autorise à conclure que Ventidius Campanus soit un esclave, et par conséquent on ne peut admettre

[1] L. 56, D. *De fidéic.* XL, 5. L. 123, *De V. S.* D. L, 10. L. 18, *Do jure codic.* D. XXIX, 6.

[2] Sur la valeur de cette clause, L. 6, § 2. *De jure codic.* D. XXIX, 6.

[3] L. 1, § 1, *De his quæ in testam.* D. XXVIII, 4. Quod incauto factum est, pro non facto est, si legi potuit. Et ideo et si novissime, ut solet, testamento fuerit adscriptum : *lituras, inductiones, superinductiones ipse feci*, non videtur referri ad ea quæ inconsulto contigerunt.

[4] L. 28, *Qui testam.* D. XXVIII, 1.

la restitution de Borghesi, TESTAMENTUM *scribere jussi.* Régulièrement c'était une personne libre[1], un ami[2], quelquefois un affranchi[3], presque toujours un jurisconsulte d'un rang inférieur, *juris studiosus*[4], qu'on choisissait pour l'emploi de TESTAMENTARIUS.

Il n'était point nécessaire pour la validité du testament, d'énoncer le lieu, l'an et le jour de sa confection[5], mais d'ordinaire on ne manquait point à cette indication[6]. D'après une loi de Justinien, ces énonciations devaient se mettre en tête de l'acte[7], mais plus anciennement c'était au pied qu'on les plaçait[8]. Dans un codicille trouvé en 1827 à Céfalu, en Sicile, cette indication est faite dans la forme suivante : SCRIPSI XV KAL APRIL SIRMI L. CALPVRNIO PISONE P. SALVIO IVLIANO COSS. (928 de Rome, 175 ap. J.-C.). Notre testament devait être rédigé en termes à peu près sem-

[1] L. 15, § 6. L. 22, § 10, *De leg. Corn., de fals.* D. XLVIII, 10.

[2] Pline, Ep. VI, 22.

[3] Suétone, *Octav.*, 101. Testamentum L. Planco C. Silio coss., III nonas aprilis factum ab eo ac duobus codicibus, partim ipsius, partim libertorum Polybii et Hilarionis manu scriptum.

[4] Suet., *Nero*, 32. Ut ingratorum in principem testamenta ad fiscum pertinerent, ac ne impune esset studiosis juris qui scripsissent vel dictassent ea.

[5] Modestin, Lib. III, *regul.* (*Corp. juris Antej. Bonn.*, p. 169). Cum in testamento dies et consules adjecti non sunt, non nocet, quominus valeat testamentum.

[6] Cicero, *ad fam.*, XIII, 20. Suet., *Octav.*, 101. (Sup. not. 3.) L. 2, § 6. *Test. quemad.* D. XXIX, 3.

[7] Nov., 47, c. 1. Nov., 107, c. 1.

[8] Orelli, 4359. (Exemplvm codicillorvm.) | HAVE. MICHI. DOMINE PATER. | VALE. MICHI DOMINE PATER | CVM AD *te* HÆC DICTAREM INFELI | CISSIMVM *te* ÆSTIMAVI VT ERAS | CVM ME HOC MITTERES. PETO VT | MONVMENTVM MIHI FACIAS DI | GNVM IVVENTVTI MEÆ. A TE PE | TO EVTICHIANVM ALVM- NVM | MEVM MANVMITAS VINDICIA | QVE LIBERES ITEM APRILEM SE | RVVM MEVM QVI SOLVS EX MINIS | TERIO MIO SVPERAVIT. SCRIPSI XV. KAL. APRIL. SIRMI L. CALPVRNIO | PISONE P. SALVIO IVLIANO.

blables, sinon qu'au lieu de *scripsi*, il devait y avoir *scribendum curavi* ou quelque expression analogue; puis venait le jour, qui est perdu, le lieu, qui sans doute était Rome, et enfin l'année, qui seule est restée lisible.

XV. CODICILLE.

124 ....T. DO LEGO DAMNASQUE *esto quisquis mihi heres erit, dare*..................|

125 *Imp. Caes. Traiano* AVG. GERMANICO *Dacico* ....|

126 .... *Sosio* SENECIONI SINGV*lis*.........
......................................|

127 .... *argenti* P. V., OTACILIO OR.........
....|

128 .... *lo* MEDICO HS. $\overline{X}$ I.............
....|

129 .... S HS $\overline{CCCC}$, EX QV...........
....|

130 *Anatellonti* EVROTA(e) LIBER*tis*..............
....|

131 *sine ulla alien*ATIONE DI*lexerunt*............
....|

132   C. EX (?)

Après le testament vient le codicille, séparé de la première disposition par un certain intervalle. En général, on commençait ces actes par une adresse aux héritiers institués, chargés des legs nouveaux : *Lucius Titius heredibus primis et substitutis salutem. Peto ut ea, quæ testamento cavi, legavi, et ea quæ, codicillis cavero, legavero, præstetis*[1], ou *Seiæ heredi suæ, quam pro parte dimidia institui, salutem*[2], OU HAVE MICHI

---

[1] L. 56, *De fideic. lib.* D. XL, 5.

[2] L. 37, § 2, *De legat.* III. D. XXXII. L. 33, § 1, *Deleg.* II. D. XXXI. L. 11, L. 11, *De jure codic.* D. XXIX. 7.

DOMINE PATER, VALE MICHI DOMINE PATER [1], ou *pertinent hi codicilli ad uxorem et filiam* [2]. Notre codicille devait commencer de quelque façon analogue, et le T qui reste dans la ligne 124 doit être la fin de quelque phrase semblable à celle-ci : *Hi codicilli ad omnes meos heredes pertinent*. Le codicille s'ouvre ensuite par les mots DO, LEGO.

Le legs fait à Trajan, legs qui n'était point commandé par la peur, comme sous les mauvais princes, mais dicté par la seule reconnaissance [3], confirmé l'hypothèse énoncée plus haut sur la patrie de Dasumius, et sur la protection que l'empereur accorda à son compatriote. Le surnom de *Germanicus* appartenait à ce prince depuis plus de douze ans [4]; le surnom de *Dacicus* lui fut donné en 856, six ans avant notre testament [5]; quant à celui de *Parthicus*, qui lui fut conféré en 869, nous ignorons s'il doit figurer dans notre codicille, car nous n'avons point la date de cette dernière disposition.

Sosius Senecio, dont Borghesi a restitué le nom à la ligne 126, fut consul pour la seconde fois en 852, dix ans avant notre testament, consul pour la troisième fois en 855, et pour la quatrième en 860 (107 ans après J.-C.).

Quelques autres légataires, Otacilius Or(natus), déjà nommé à la ligne 25, le médecin nommé à la ligne 112, qui peut-être avait été affranchi dans l'intervalle du testament au codicille, les affranchis Anatellon et Eurotas, déjà donataires dans les lignes 48, 60, 106, obtiennent de nouveaux

---

[1] Orelli, 4359. Sup., page 337, note 8.

[2] L. 89, § 3, *De leg.*, D. XXXI. L. 78, pr. *ad S. C. Treb.* D. XXXVI, 1.

[3] Pline, *Paneg.*, 43. Testamenta nostra secuta sunt; scriberis ab amicis, ab ignotis præteriris, nihilque inter privatum et principem interest, nisi quod nunc a pluribus amaris, nam et plures amas.

[4] Cum Germaniæ præsideres, dit Pline (*Paneg.*, 9), Germanici nomen hinc missum. Ce commandement a duré de l'an 845 à l'an 851.

[5] Francke, *Trajan*, p. 13-16, 16-63.

legs et de nouveaux fidéicommis d'un chiffre assez élevé, en récompense sans doute de la continuité de leurs bons et loyaux services.

En finissant cette analyse un peu longue, qu'il nous soit permis de rendre justice à ce qu'il y a d'ingénieux dans les restitutions de M. Rudorff, et surtout à cette richesse d'érudition et à cette sûreté de critique qui font du professeur de Berlin un des plus dignes successeurs de M. de Savigny. La restitution du testament de Dasumius, celle de l'édit de Tiberius Alexander, celle de la loi Thoria, assurent une belle place à leur auteur parmi les jurisconsultes modernes qui se sont occupés de l'épigraphie, tels que de Savigny, Klenze, Puggé, Puchta. Il est triste seulement de penser que tous ces savants sont en Allemagne, et qu'en France les études juridiques ont été depuis un siècle dirigées dans un tel esprit, qu'un monument aussi important que celui de Dasumius trouverait difficilement parmi nos jurisconsultes un homme assez habile pour en entreprendre la restitution, un public assez éclairé, assez amateur de la belle antiquité, pour s'intéresser à ces nobles et intéressantes recherches.

Ed. LABOULAYE.

TestAMENTVm . Dasumi ......

Quoniam est RECTVM, PRAESTARE. . . . .
. . . . . . AMICVS RARISSIMVS,
. . . , *si se nomen* MEVM LATVRVM *promiserit,* . . . .
mearum fortunarvm EX VNCIA *heres esto eamque nominis bonorumque hereditatem cernito in die-*
5 *bus centum proximis,* QVIBVS SCIERIT *poteritque. Quodni ita creverit, tunc Septuma Secundina,*
matertera mea PIENTISSIMA, MIHI *heres esto ex eadem parte. Si nec ea mihi heres erit, tunc*
. . . . FILIA SERVIANI EX *eadem uncia mihi heres esto. Ex reliqua parte Ursus Ser-*
vianus dominvs MEVS MIHI HERES *esto. Si Servianus mihi heres non erit, tunc.* . . . . . .
et. . . . . . MIHI HEREDES SVNTO. *Si.* . . . . *et.* . . . . . *mihi heredes non erunt, tunc Dasumia*
10 . . . . . . MIHI HERES ESTO. SI DASUMIA *mihi heres non erit, tunc.* . . . . . . *et.* . . . . . *mi-*
hi heredes SVNTO ΠQVE CERNVNTO *in diebus centum proximis, quibus scierint poteruntque. Si nec*
eorum quisquam CREVERIT, TVNC SYCHE *nutrix* b(ene) m(erita) *ex eadem parte mihi heres esto. Amicis meis*
bene merentibus INFRA SCRIPTIS, QVISQUIS *mihi heres erit, eum rogo fideique eius committo,*
uti det singulis AVRI P. LIBRAS : IVLIO. . . . .
15 NO, VOLVSIO IVLIANO, ...
. . . . , *Plinio* SECVNDO, CORNELIO *Tacito.* . . . . .
. . . . . . AVSPICATO, SINGVLIS. . . . .
. . . . . MINICIO IVSTO, FABVL. . . . . .
. . . . . . IVNIO AVITO, PONTIO LAELIANO. . . . . .
20 . . . . . . *Sempronio* CRESCENTI, IANVARIO. . . . . . .
. . . . . *Licinio* NEPOTI, TVLLIO VARRONI, SATRIO *Rufo,* . . . .
. . . . *Minicio* ANNIANO, APPVLEIO NEPOTI, REMMIO *Martiali,* . . . . .
. . . . . . VSTIO ACANTHO, FABIO RVSTICO, ...
. . . . . . CO, AGRIS PHOEBO ET SERVATO, ...
25 . . . . . . *V*ALERIO HERMETI, OTACILIO OR. . . . . .
Sempronio PROCVLO IVRISCONSVLTO, ATEIO . M. . . . . .
. . . . . NO, CORNELIO SENI, IVLIS THREP*to et.* . . . . .
. . . . . . *Apollodoro* ADFINI MEO . X . CXXV *conferri volo.* . . . . .
. . . . . . *fideiqve eivs eorvmque committo,* VI. . . . . . .
30 . . . . . . ER CONSECRENT CORDVBAE, ITA *ut.* . . . . .
. . . *sub inscriptione nominis mei consecrentur,* . . . . .
. . . . . . OPERA SUPRA SCRIPTA FIANT EIVS *eorumque arbitratu.* . . . . .
. . . . . . *fideiqve eivs eorvmqve committo, ut.* . . . . .
. . . . . EST. DASVMIAE SYCHE NVTRICI. . . . .
35 . . . . . VENVCVM AREVM PISCATORES. . . . . .
. . . . . ELEGERIT, PRAETER QVAM . X . C, ...
. . . *argenti escari et potori ex meo qvod elegerit,* . . . . .
. . . *chartam sive* PHILVRAM CALCVLATORIAM. . . . . .
. . . . . ET SABINVM NOTARIVM ET. MX. . . . . .
40 . . . . . *rationibvs redditis cvm contubernalibus suis liberos esse iubeo.* . . . .
. . . . . M COCVM ET O. NVMICVM C. . . . . .
. . . . . ET DIADVMENVM NOTARIVM. . . . . .
. . . . . . MNEM SVMPTVARIVM RATIONIBVS *redditis cum contubernali liberum esse volo,*
ita, ut eam in MATRIMONIO HABEAT, FIDELEM*que.* . . . . .
45 . . . . . . RCVLIS PVSILLIS COMPONIT . V. . . . . .
. . . *Dasumio* COLONO. LIB. . X . ∞ , DASVMIAE *syche nutrici bene meritae.* . X . . . . .
. . . . . . LIB. . X . ∞ , HELIOPAEDI LIB. . X . ∞ , CA. . . . . .
. . . . . . SINGVLIS . X . ∞ , EVROTAE LIB. X. . . . . .
. . . . . . *Si* EROS VESTIARIVS RATIONEM *actus sui heredi meo reddiderit, liber esto, item*
50 . . . . . . *paedagogvs,* RATIONE REDDITA, PHOEBVS. . . . . *et.* . . . . . . *liberi sunto, prae-*
terquam si quem EX HIS ALIO SCRIPTO LIBERVM *esse vetuero. Quem enim ita vetuero, is neque*
liber esto, neqve VICENSIMAE NOMINAE EI *prove eo* pub(licano) XX *libertatis heres meus quidquam dato.*
Ceteros omnes, QVOS LIBEROS ESSE IVSSI, EOS *ex meo accipere volo, quod eo nomine* pub(licano) *debe-*
bunt, fidei autem EORVM COMMITTO, QVISQUIS *mihi heres heredesve erunt, ut eam pecuniam sin-*
55 *gulis dent* TRIBVANT CONCEDANT SINE VLLA *controversia : et cum primum quisque eorum liber fac-*
tus fuerit hoc AMPLIVS . X . V . ET HOC AMPLIVS. . . . . .
. . . . . CVM PRIMVM MANVMISSA *fuerit.* . . . . .
. . . . . ARCVLAM THA . CVM ORNATO. . . . . *Hoc amplius here-*
des mei praefati DENT TRIBVANT CONCEDANT *sine ulla controversia.* . . . . . .
60 . . . . . . *Harmasto* ANATELLONTI LIBERTIS *in singulos annos, quandiu quis eorum vivet, ini-*
tio cuiusque anni VESTIARI NOMINE SINGVLIS . X . . . , *hoc amplius.* . . . . .
. . . . . . *Terpno* ACHILLI HELIOPAEDI *libertis initio cuiusque anni vestiari nomine sin-*
gulis in singvlos ANNOS, QVANDIV QVIS EORUM *vivet,* . X . . ., *hoc amplius.*
libertis, quandiv QVIS EORVM VIVET, INITIO *cuiusque anni heredes mei vestiari nomine* . X . . . .
65 *ipsi danto,* CVRANTOVE DARE INFRA SCRIPTIS *conditionibus. Hoc amplius heredes mei supra*
scripti lancem AVREAM MEAM MAXIMA*m, quae.* . . . .
. . . . . . EST ET DIADVMENVM CVBICVL*arium.* . . . . .
. . . . . . ET STEPHANVM DROPACATOREM. . . . . .

A — **Ambrosch** (annali del instituto 1831 p. 388—406 et dans Clemente Cardinali, Diplomi imperiali di privilegj
accordati ai militari. Velletri 1835 p. 217. No. 403.). B. — **Borghesi** (*ibid.*). H. — **Bethmann-Hollwrg**
(*ibid.*). N. — **Niebuhr** (*ibid.*). P. — **Pugge** (**Rhein. Mus.** I. 3, page 249.). S. — **Sarti.**

TESTAMENTVM . Dasumi. . . . . . .] TESTAMENTVM P. A.

1. Quoniam est] Cum sit P. PRAESTARE — AMICVS] PRAESTARE amicis officia post fata, super re mea ita lego AMICVS P.
2. 3. RARISSIMVS — nomen] RARISSIMVS heres | esto si se nomen P. A. 3. 4. Promiserit — fortunarvm] P. A. 4. 5.
heres — proximis heres esto cernitoque in diebus centum | proximis P. A. 5. 6 scierit — pientissima] scierit
poteritque. Quodni ita creverit | (Dasumia Syche nutrix B.) pientissima P. A. 6. 7. heres esto — filia] heres esto | ilia
A. heres esto | Aelia P. heres esto | familia B. 7. 8. ex — dominvs] ex. . . . . . . mihi heredes sunto | nepos P.
ex. . . . . mihi heredes sunto] . . . . . vs A. ex. . . . . . [Ursus Servianus dominvs B. 8. 9. heres — mihi] heres
esto [mihi P. B. A. 9. 10. Si — mihi] mihi P. B. A. 10. 11. dasumia — sunto] dasumia [io P. B. A.
11. 12. in — creverit] —] non creverit P. A. 12. 13. syche — merentibus] syche nutrix P. A. 13. 14. qvisquis
— singulis] qv [binas P. A. 15. 16. Plinio] N. P. A. 16. 17. Tacito] N. P. A. 17. 18. Minicio] P. A. 19. ivnio
P. A. laeliano] P. B. A. 20. Sempronio] P. B. 21. Licinio] P. A. 22. Minicio Anniano] P. A. remmio
Martiali] P. A. 23. vstio] Apvstio? Venvstio P. 24. co] Prisco P. 25. Valerio] P. A. 26. Sempronio
Procvlo] Procclo P. A. 27. Threpto et] Threp P. A. 28. Apollodoro] doro P. A. conferri — ad] co P. A.
30. ex] A. ea propter P. ita ut] item P. A. 31. sub inscriptione] P. A. consecrentur] consecrent P. A.
32. eivs — arbitratu] P. A. 33. fideiqve] P. A. committo ut] committo P. A. 35. piscatores — elegerit]
piscatores [quem eorum elegerit P. A. 36. 37. . X. c, — escari] . X. c — cari P. A. 37. 38. elegerit —
sive] e [ve P. A. 39. 40. my — rationibvs] P. A. contubernalibus — iubeo] contubernalibus liberos esse
volo P. A. 41. o (c?) nvmicvm] Grammicvm S. A. 43. mnem] omnem P. A. 43. 44. rationibus — ma-
trimonio] ratione reddita [in matrimonio P. A. 44. fidelemque] fidelem P. A. 45. rcvlis] latercvlis P. A. 46. Dasumio colono] colono P. A. 46. 47. syche — lib.] syche [lib P. A. 49. Si] P. A. 49.
50. actus — paedagogvs] reddiderit, liber esto [paedagogvs P. A. 50. 51 phoebus — quem] pho [si quem P. A.
51. 52. esse — neqve] esse iussi [qve P. A. 52. 53. prove — omnes] omnes P. A. 53. 54. eos — autem] eos [
in fidem P. A. 54. 55. qvisquis — tribvant] qvis [tribvant P. A. 55. 56. controversia — hoc] controversia [
hoc P. A. 56. amplius — cvm] amplius dari volo [cvm P. A. 57. 58. fuerit [arcvlam] rcvlam A. 58. 59. Hoc —
praefati] B. here [des mei praefati A. 60. Harmasto] A. 60. 61. libertis — anni] libertis initio [cuinsque anni A.
61. 62. . X. — Terpno] Terpno A. 62. 63. libertis — singvlos] libertis meis singulis [in singvlos H. N. B. A.

70 et........ paria MVLARVM, QVAE ELEGERIT, CVM *carruchis et mulionibus danto Septumae materte-*
rae meae pientissimae. HOC AMPLIVS EPAPHRODITVM.........
.... TVM MEDICVM, PHILOCYRIVM.........
signa mea aurea ET ARGENTEA OMNIA ET IMAGINES *argenteas eidem Septumae materterae dari*
volo et rogo pietatem tvam, VT CVRES IN PVBLICA *eas porticu poni, quam Cordubae extrui iussi, si-*
75 *gillaria vero,* QVAE VBIQVE HABEO, IN AMICOS *fidelissimos, quos voles, conferas. Hoc amplius*
DISPENSATOREM, RATIONIBVS.......
.... EM ET EVTYCHEN, CVBICVL(o) MAIORI *praepositum*.......
dari volo materterae SEPTVMAE SECVNDINAE. *Hoc amplius, matertera carissima, commendo tibi*
.... EROTEN, MENECRATEM ET PAEDEROTEM........... *et rogo pietatem tuam,*
80 *ut in eodem* OPERE ILLOS HABEAS DONEC VIVENT.........
.... *quoniam* NVLLO MERITO MEO TAM VALDE......... *Hoc amplius*
reliqva SEPTVMAE MATERTERAE *meae commendo,*.........
rebvs MEIS HABVIT, FIDEIQVE EIVS N.........
.... *Hoc* AMPLIVS SEPTVMAE MATERTERAE MEAE.........
85 .... CVRSOREM, ENCOLPIVM ACTOREM,......... *Praedium suburba-*
num sestertium SEXAGIES, QVOD BENEFICIO *imp. Caesaris Traiani Augusti Germanici Dacici*
consecutus sum, INTRA BIENNIVM, QVAM *mortuus ero, libertis in alimenta dari volo. Fidei ita-*
que heredum committo, VTI PRAEDIVM, IN QVO *corpus meum sepeliri volo, cum in eo...., amicus*
meus rarissimvs, RELIQVIAS MEAS *condiderit, exceptis locis religiosis et monimento,*
90 *quo reliquiae* MEAE INLATAE FVERINT, CVICUnque *sive testamento anteave libertatem dedi sive*
*codicillis ded*ERO, PRAETERQVAM HYMNO PESSIME *de me merito et ingrato erga patronum suum,*
cum pascuis, saltibvs, SILVIS, INSTRVCTVM MANCIPIO *dent, ita ne de nomine libertorum exeat neve*
ii vendant, pignore DENT, CEDANT, CONDONENT, *eius autem portio, qui ex his decesserit, reliquis*
adcrescat, donec IN RERVM NATVRA ESSET VNVS *eorum. Quodsi liberti libertaeque in rerum natu-*
95 *ra omnes esse desierint, tvnc* AD LIBERTORVM *meorum filios posterosque, donec esset unus eorum,*
idem volo pertinere. QVODSI ESSE DESIERIT, *tunc ad Serviani mei libertos posterosque eorum*
pertineat. Cum avtem IN TAM MVLTAS PARTES *praedium praefatum distributum iri intelligam,*
nec possint omnes VNIVERSA POSSIDERE, *reliquum est, huic quoque difficultati consulere. Ita-*
que Terpnum, ACHILLEN, HELIOPAEDEN CYMBALISTAM *curatores do et si quis ex his decesserit*
100 *tunc alium* curatorem SVBSTITVI, CVRATORI *defuncto reliquorum suffragio iubeo et ab his*
curatoribus ALIMENTA OMNIA COMPVTARI *et reditus distribui libertis volo, qua re effe-*
ctum iri existvmo, VT AB VNO OMNIA PERCIPIANT *omnes. Hoc amplius heredes meos rogo fidei-*
que omnium heredvm MEORVM COMMITTO, *maxime vero a tua, Serviane, domine, erga me benevolen-*
tia peto, ne patiaris POST ME QVEMQVAM ILLorum, *quos sive testamento sive codicillis manumit-*
105 *tes, aut etiam veter*VM LIBERTORVM TVORVM *poni in monumento meo, aut quemquam ex meis libertis*
praeter Encolpv(m) ET ARMASTVM ET ANATELlonta. *Aditum autem ambitum et accessum in monumento*
volo habere omnes, QVOS SIVE ANTE TESTAMENTVM *sive testamento manumisi, praeterquam te,*
Hymne, qui, quamvis PLVRIMVM TIBI PRAESTITISSE *me agnoveris, adeo tamen ingratus extitisti, ut*
propter ea, QVAE A TE PASSVS SIM AVT TIMVERIM, *etiam a tumulo meo removendum te statuerim.*
110 *Reliquias meas* URSI SERVIANI DOMINI MEI ET........... *amici carissimi curae commendo,*
capulum autem FERRI VOLO PER SERVIANI MEI *libertos. Per eumdem amicum intra biennium post-*
*quam defunct*VS ERO CONSVMMARI INchoatum *iubeo monumentum sumptuumque in eam rem facto-*
rum rationem eum REDDERE VOLO SERVIANO MEO *et, quo notior sit voluntas mea, lapidi incidi testa-*
menti exemplum ET PONI AD LATVS MONIMENTI *mei. Hoc amplius quisquis mihi heres heredesve*
115 *erit eruntve evm* EOSQVE ROGO FIDEIQVE EIVS *eorumque committo, ut quaecunque hoc testamento*
cuiquam dedi LEGAVI, EA VICENSIMIS OMNIBVS *modis liberent, ita ut eas aut solvant iudiciare*
suscipiant eo NOMINE, AVT VICENSIMAE NOMINE *cum publicano, qui id vectigal conductum habe-*
bit, aut pasciscantvr, AVT DECIDANT, AVT IN *arbitrum compromittant. Novissime, si quid co-*
*dicillis alio*VE QVO GENERE SCRIPTVM *signatumque reliquero, valere volo, quasi testamento*
120 *scriptum signatvmqve* RELIQVISSEM. LITVRAE, *inductiones, superinductiones, quae in eo*
inveniuntur, IAM TESTAMENTI FACIVNDI ET *signandi tempore factae sunt. Testamentum scriben-*
dum curavi per Ventidium CAMPANVM, TESTAMENTARIVM, *iuris studiosum,*...........
.... *Romae Aelio Hadriano* TREBATIO PRISCO coss.

.... T. DO LEGO DAMNASQUE *esto quisquis mihi heres erit, dare*
125 .... *Imp. Caes. Traiano* AVG. GERMANICO *Dacico*.........
.... *Sosio* SENECIONI SINGVLIS.........
.... *argenti* P. V., OTACILIO OR.........
.... *to* MEDICO HS. ·X· I.........
.... S HS CCCC, EX QV.........
130 .... *Anatellonti* EVROTA(e) LIBERTIS.........
.... *sine ulla alien*ATIONE DILExerunt.........
C. EX (?)

DROPACATOREM — OREM] DROPACATOREM — TONSOREM A. 69. 70. ET — paria] ET | iuga B. A. 70. 71. carruchis
— pientissimae] vehiculis et mulionibus — SSIMAE B. H. 73. signa — aurea] vasa aurea H. N. A. 73. 74. IMAGI-
nes — pietatem] imaginem (Caesaris?) et rogo pietatem H. N. B. 74. 75. pvblica — vero] pvblico eam poni
H. N. A. 75. amicos — amplius] AMI A. 76. RATIONIBVS] RATIONIBVS vrbanis praepositum H. N. Le v manque. S.
77. 78. maiori — materterae] MAIO | materterae A. 78. 79. secvndinae — eroten] secvndinae | eroten A.
79. 80. paederotem — opere] paederotem | ut in opere H. N. A. 80. 81. vivent — quoniam] vivant | pro-
pterea quod H. N. 81. 82. valde — reliqva] valde me dilexeris | reliqva H. N. A. 82. 83. meae — rebvs]
meae | in aedibvs (?) N. H. A. 84. Hoc amplivs] H. N. 85. 86. Praedium — sestertium] sestertium H. N. A.
86. 87. beneficio — sum] beneficio eius (?) H. N. A. 87. 88. mortuus — committo] mortuus ero fidei | que eius
committo H. N. A. 88. 89. in qvo — rarissimvs] in qvo aedificatus erit tumulvs B. in qvo | tumulvs H. N. A.
89. 90. condiderit — meae] continebit post | quam reliquiae meae H. N. A. contenturus tutelae nomine postquam
reliquiae meae B. 90. 91. cvi — dedero] cvrae mancipiorum, quae tibi legavero H. N. cvm taberna cedat liber-
tis et iis quos manumisero B. cvi | legavero A. 91. 92. pessime — saltibvs] pessimo | tibvs B. A. pes-
simo tradas | tibvs H. N. 92. 93. mancipio — pignore] ma | nore A. 93. 94. eius autem — donec] donec
H. N. A. 94. 95. vnus — desierint] vnus eorum quodsi | omnes esse desierint] H. N. A. 95. 96. liber-
torvm — pertinere] libertorvm meorum curam | volo pertinere H. N. A. libertorvm meorum posteros volo
pertinere B. 96. 97. desierit — avtem] desierit qui H. N. A. veto avtem B. A. 97. 98. partes — omnes]
partes dividi | sed omnes B. A. 98. 99. reliquum — achillen] relinquo | achillen A. relinquo | volo Ter-
pnum achillen B. 99. 100. cymbalistam — curatorem] cymbalistam S. computatorem N. A. cymb | vnoquo-
que anno monumenti curatorem B. 100. 101. cvratori — alimenta] cvratori | a quo alimenta N. A. cv-
ratori praeterito et ab eo praedii redditus et alimenta B. 101. 102. compvtari — existvmo] compvtari et solvi
volo | vmo N. A. compvtari et solvi | vmo B. 102. 103. percipiantur — heredvm] percipiant | fidei heredvm B. perci-
piantur | fidei heredvm N. A. 103. 104. maxime — patiaris] teque rogo ne patiaris B. A. 104. 105. illorum—
vetervm] illorum, quos tibi mancipio dedi | vel vetervm B. A. 105. 106. poni — Encolpvm] poni in monumento
meo neque alium praeter | pv B. A. 106. 107. Anatellonta — omnes] Anatellonta | et omnes B. A. 107. 108.
testamentum — quamvis] testamentum sive in testamento nuncupavi. 108. 109.] praestitisse — quae]
praestitisse | quae B. A. 109. 110. timverim — Ursi] timverim | Ursi H. N. 110. 111. et — avtem]
et feretrum H. N. 111. 112. libertos — defvnctvs] libertos | defvnctvs H. N. B. 112. 113. inchoatum
— eum] inceperit? | honorem H. N. 113. 114. et quo — exemplum] imaginemque eius fieri H. N. 114. 115. mo-
nimenti — evm] monimenti mei | quisquis mihi heres erit eum A. 115. 116. eorumque — legavi] eorumque com-
mitto, ut quaecunque legavi A. 116. 117. omnibus — co] omnibus libera solvant atque vectigalis A. 117. 118. nomine
— pasciscantvr] nihil imputent neque pro iis | pasciscantvr A. 118. 119. in — alioue] in arbitrum compromittant
si quid tabu | is alioue A. 119. 120. signatumque — signatvmqve reliquero volo | quaecumqve A
120. 121. litvrae — iam] litvrae aut inductiones inveniuntur | eas iam A. 121. 122. et — Ventidivm] et si-
gnandi tempore ipse feci | Ventidivm A. 122. 123. testamentarium — Romae] testamentum scribere iussi B. A.
123. Aelio — coss. B. H. N. A. 124. t. do] t. do H. N. 125. damnasque — Dacico] B. H. N. A.
126. Sosio] B. H. N. A. singvlis] singvlis ... auri p. H. N. A. 127. argenti] H. N. A. 128. to medico] medico A. 130. Anatellonti] ti A. libertis] lib. A. 131. sine ulla alienatione dilexerunt] atione di A. 132. c.
xvi. c. ex (?) on c. xv(?) A.

EXTRAIT

DE LA REVUE DE LÉGISLATION ET DE JURISPRUDENCE,

Publiée sous la direction de MM. TROPLONG, conseiller à la Cour de cassation; CH. GIRAUD, inspecteur-général des Ecoles de droit; ÉD. LABOULAYE, avocat à la Cour royale, membres de l'Institut; FAUSTIN-HÉLIE, chef du bureau des affaires criminelles; ORTOLAN, professeur à la Faculté de droit de Paris, et WOLOWSKI, professeur au Conservatoire des arts et métiers.

Livraison de Juillet 1845.

Imprimerie de HENNUYER et TURPIN, rue Lemércier, 24. Batignolles.